뉴욕을
먹다

뉴욕을 먹다

세계의 중심에서 맛보는 일상의 음식과 특별한 음식

초판 1쇄 발행 | 2023년 3월 10일
초판 2쇄 발행 | 2023년 10월 15일

지은이 | 김한송

펴낸곳 | 도서출판 따비
펴낸이 | 박성경
편　집 | 신수진, 정우진
디자인 | 이수정
출판등록 | 2009년 5월 4일 제2010-000256호
주소 | 서울시 마포구 월드컵로28길 6(성산동, 3층)
전화 | 02-326-3897
팩스 | 02-6919-1277
메일 | tabibooks@hotmail.com
인쇄·제본 | 영신사

ISBN 979-11-92169-25-5 03940

책값은 뒤표지에 있습니다.

뉴욕을 먹다

세계의 중심에서 맛보는
일상의 음식과 특별한 음식

김한송 지음

따비

좀 더 넓은 세상의 음식과 문화를 보고자 뉴욕으로 건너온 지 어느덧 12년째를 맞게 되었다. 대학에서 공부를 하고, 졸업한 후 이곳에서 식당을 운영하면서 눈 코 뜰 새 없는 시간을 보냈지만, 뉴욕의 음식을 즐기는 시간만큼은 숨을 돌릴 수 있었다.

요리사이자 음식점 경영자로서 공부를 하는 시간이기도 했지만, 무엇보다 음식이 그것을 둘러싼 역사와 환경의 산물임을 깨닫는 시간이었다. 흔히 미국을 '인종의 용광로'라고 비유하는데, 미국의 심장인 뉴욕이야말로 다양한 곳에서 각기 다른 시기에 미국으로 온 이민/이주자들의 인종과 문화와 종교가 들끓고 있는 용광로다. 이 용광로에서는 갈등이 흘러나오기도 하지만 저마다의 개성을 유지한 문화가 만나고 융합하고 있는데, 그걸 잘 보여주는 게 바로 음식이기 때문이었다.

서울 안에서도 원래 서울이었던 사대문 안, 공장지대였던 영등

© 정은주

포·구로, 새로 개발한 강남의 개성이 서로 다르듯, 뉴욕도 형성된 역사와 거기 많이 사는 주민들이 누구인가에 따라 서로 다른 개성을 자랑하는 지역으로 구성돼 있다.

뉴욕은 맨해튼, 롱아일랜드, 스태튼 아일랜드 세 개의 섬으로 이루어진 도시이며, 다시 다섯 개의 자치구, 즉 맨해튼, 브루클린, 퀸스, 브롱크스, 스태튼 아일랜드로 나뉘어 있다. 뉴욕을 떠올릴 때 가장 먼저 생각하는 맨해튼Manhattan은 브로드웨이의 뮤지컬, 센트럴 파크, 월 스트리트 등이 있는 세계 금융, 상업, 문화의 중심이다. 브루클린Brooklyn은 맨해튼 남쪽에 위치하고 있으며 과거 공업 지대였던 지역에 젊은 예술가들이 몰리면서 거친 듯 섬세함을 담은 공간이 되었다. 퀸스Queens는 아시아계 이민자들이 가장 많은 곳인데, 코리아타운이 자리 잡은 곳이자 뉴욕의 관문인 존 F. 케네디 국제공항이 있는 곳이기도 하다. 맨해튼 북쪽에 위치한 브롱크스Bronx는 유일하게 섬이 아니라 미국 본토에 속한 곳인데, 뉴욕 양키스 야구장과 세계에서 가장 큰 브롱크스 동물원이 있다. 스태튼 아일랜드Staten Island는 뉴욕에서 백인 비율이 가장 높은 지역으로, 뉴욕 초창기 모습을 간직한 조용한 환경을 자랑한다.

이 책에서 소개하는 음식과 레스토랑은 주로 원래의 뉴욕, 맨해튼에 있지만, 새로운 문화를 보여주는 다양한 뉴욕의 음식을 골고루 소개하려 노력했다.

이 책에서는 뉴요커의 하루를 따라가며 그들의 끼니를 책임지는 음식과 그들의 여가를 함께하는 음식을 소개한다. 세계에서 가장 바쁜 아침을 맞이하는 이들을 깨우는 일상의 음식에서 지친 하루를 마감하는 뉴요커들을 위로하는 특별한 음식까지 담았다. 햄버거, 샌드위치 등 뉴욕에서뿐 아니라 세계 어느 곳에서도 만나기에 무심코 지나칠 수도 있는 음식부터 뉴욕을 상징하는 굴과 스테이크, 뉴욕에 자리 잡은 다양한 국적의 음식까지, 그저 음식의 맛과 식당 정보만이 아니라 그에 얽힌 이야기를 담아내고 싶었다. 그 이야기들이 잘 전달될지, 설렘과 걱정을 함께 안고 독자들께 내보낸다.

언제나 나를 꼼꼼하게 챙겨주고 에너지를 불어넣어주는 아내 정은주에게 고마움을 전하고 싶다. 이 책에 실린 음식 사진은 (별도의 표시가 없는 한) 보잘것없는 나의 솜씨로 찍은 것이지만, 시원시원한 뉴욕 전경은 사진작가인 아내의 사진이다. 그리고 언제나 응원해주시는 아버지, 어머니, 형에게도 감사의 인사를 전하고 싶다. 하늘나라에 계신 김유진 선생님도 이 책의 출간을 기뻐해주시리라 믿는다. 마지막으로, 이 책이 세상으로 나올 수 있게 해준 도서출판 따비 박성경 대표와 꼼꼼히 챙겨준 신수진, 정우진 편집자께 감사의 말씀을 전한다.

2023년 새봄을 맞이하며

김한송

© 정은주

Contents

1

뉴욕의
아침

유대인의 아침 식사에서
뉴요커의 아침 식사로

맨해튼 도심은 새벽 5시부터 분주해진다. 굳게 내려져 있던 셔터를 올리는 인도계 아저씨들이며 핫도그를 데우려고 기계를 켜는 스트리트 푸드 벤더(노점상이라 생각하면 되겠다)들과 커다란 푸드트럭, 카페에서 커피를 받아든 뒤 설탕이며 크림을 엄청나게 부어 넣는 택시 기사들, 한 손에는 담배를 다른 한 손에는 커피를 든 채 분주하게 움직이는 직장인들, 이 카페 저 카페에서 커피머신에 원두를 가득 채워 넣으며 아침을 먹지 않고 출근하는 이들을 위한 빵을 진열하는 모습을 보고 있노라면, 전 세계에서 가장 복잡한 도시가 또 하루를 시작한다는 것이 실감난다.

어쩌면 한국 사람들보다 더 부지런할지도 모르겠다는 생각이 들 정도로 뉴요커는 아침 일찍 하루를 시작한다. 해가 길어지는 여름에는 일을 좀 더 일찍 시작하려고 서머타임제*를 가장 먼저 도입한 나라도 미국이다. 한국에서는 서머타임을 적용하지 않으니 고개를 갸웃할지 모르겠다. 단지 시곗바늘을 한 시간 당겨 생활하는 것이니만큼 절대적인 시간에는 변함이 없지만, 상대적으로 늘어난 '밝은 저녁 시간'에 취미를 즐기거나 가족과 함께하는 것이 미국인에게는 이미 일상이다.

이렇게 일찍 하루를 여는 미국인의 아침 식사는 가볍다. 전통적으로 미국인이 즐겨 먹는 아침 메뉴는 시리얼, 오트밀, 요구르트 등이다. '밥심'으로 일하는 한국인에게는 간식에 지나지 않는 음식이다. 여기에 하나 더 추가하자면 햄&에그 샌드위치 정도다. 햄&에그 샌드위치는 보통 잉글리시 머핀에 달걀 프라이, 햄, 치즈 한 장을 올린 작은 샌드위치다. 낮에 먹는, 이런저런 채소나 육류가 들어간 샌드위치와는 다르다. 맥도날드에서 아침 메뉴로 판매하는 맥모닝처럼, 뉴욕 어디서나 쉽게 찾아볼 수 있고 뉴욕을 벗어나더라도 흔히 접할 수 있는 음식이다. 햄&에그 샌드위치는 미

* 해가 일찍 뜨는 여름철에 표준시를 한 시간 앞당겨 생활하는 제도로, 미국에서는 3월 두 번째 일요일 오전 2시에 적용하고 10월 첫 번째 일요일 오전 2시에 해제한다. 한국도 서울올림픽 개최를 앞두고 1987년에서 1988년까지 잠시 시행한 적이 있다.

국 내 수많은 카페는 물론이고 편의점, 빵집, 호텔에서도 아침 메뉴로 준비해놓을 만큼 대중적인데, 아무리 늦어도 오전 11시까지만 판매된다. 하지만 뉴욕에서 가장 많은 이가 찾는 아침 메뉴는 햄&에그 샌드위치가 아니다. 바로 베이글이다.

한 손에는 커다란 일회용 컵에 든 커피를, 다른 한 손에는 갓 데운 베이글 하나를 들고 다니며 먹는 뉴요커의 모습은 일상적이다. 이른 아침 경주마처럼 회사로 돌진하는 무리를 가만히 지켜보고

있노라면 양손에 커피와 베이글을 든 이들을 쉽게 볼 수 있다. 좀 더 자세히 살펴보면, 그들이 든 베이글에 크림치즈나 버터가 한가득 발린 것도 발견할 수 있다. 딱 봐도 칼로리가 엄청날 것 같은데, 이런 베이글을 뉴요커들은 사랑한다.

베이글의 탄생과 뉴욕의 아침

베이글과 관련된 재밌는 표현이 있다. 테니스 경기에서 게임 스코어 6:0으로 세트를 땄을 때 '베이글'이라고 하는데, 가운데에 구멍이 뚫려 있는 베이글의 모양이 숫자 0을 연상시켜 쓰이는 표현이다. 어쨌든 경기에서 어느 한쪽이 크게 지고 있으면 괜시리 베이글이 떠오른다.

사실 베이글은 크림치즈나 버터 없이 먹기엔 상당히 맛없는 빵이다. 좋게 말하면 쫄깃하고, 나쁘게 말하면 질기다. 일반적인 베이킹과 달리, 달걀, 우유, 버터 등을 넣지 않고 물, 밀가루, 소금, 이스트만 섞은 반죽을 발효시켜 뜨거운 물에 데친 뒤 오븐에서 구운 빵이다. 아주 기본적인 재료로 만들어진 빵인 셈인데, 고대 이집트인들이 최초로 만들어 먹었다는 빵과 그리 다르지 않으리라 여겨진다.

이렇듯 기본적인 재료로 만들어졌기 때문에 베이글이 언제 어디서 태어났는지는 불분명하지만, 폴란드 혹은 유대인과의 관련성은 분명해 보인다. 폴란드에 거주했던 유대인 집단의 규율에 아이를 낳은 여인들에게 베이글을 선물로 주어도 된다고 한 1610년경의 기록이 남아 있기 때문이다(폴란드어로 바이겔bajgiel이라고 부른다). 1683년 폴란드 왕 얀 소비에스키Jan Sobieski가 투르크족과의 전투에서 이겨 오스트리아 빈을 지켜준 것을 기념해 만들었다는 이야기도 있다.

링 모양을 한 폴란드 빵은 이미 1394년에도 오바르자넥obwarzanek이라는 이름으로 존재하고 있었다. 오늘날 우리가 아는 베이글과는 생김새가 살짝 다르다. 베이글이 둥글게 뭉친 반죽에 손으로 구멍을 낸 듯한 모양새라면, 오바르자넥은 길게 늘린 반죽을 꼬아 동그랗게 모양을 잡았다. 지금도 폴란드 노점에서 팔리는 대중적인 간식거리다.

베이글은 폴란드보다는 유대인에게 그 중요성이 더 크다. 종교에는 음식 관련한 금기사항이 많다. 이슬람교도는 돼지고기를 먹지 않고, 대다수의 힌두교도는 쇠고기를 먹지 않는다. 유대인 역시 코셔Kosher 음식만을 먹는다. 코셔란 유대교 율법에 따라 만든 음식을 가리키는 말로, 식재료 선정부터 가축을 도살하는 방식, 조리 방식 등에서 엄격한 조건을 갖추어야 한다. 되새김질을 하고 발굽이 갈라진 동물과 비늘과 지느러미가 있는 생선만 먹을 수 있다. 도축할 때에도 유대교 율법에 따라 고통 없이 죽여야 하며, 소금을 사용해 피를 제거해야 한다. 또한 육류와 유제품은 식탁에 함께 올리지 못한다. 밀가루, 소금, 물, 이스트만으로 만들어 이 엄격한 금기사항을 지킬 수 있는 베이글은 유대인을 위한 최고의 선택이었을 것이다.

예전에 만들어졌던 베이글은 지금과 달리 대단히 작았던 것 같다. 영국에서는 19세기 중엽 런던의 브릭레인 지역에서 'beigel' 이라는 이름으로 판매하기 시작했는데, 그때는 하나에 60그램 정도로 조그마했다. 한 개로는 너무 양이 작아서였을까? 베이글은 전통적으로 3개 꾸러미라는 뜻인 '프라이얼prial' 또는 '프랭글 prangle'이라는 이름으로 3개씩 판매되었다. 그랬던 베이글이 지금은 90~150그램 정도로 커졌다.

베이글의 재료는 단순하지만 만드는 과정은 생각보다 손이 많이 간다. 먼저, 반죽을 동그랗게 모양을 잡고 나서 나무 막대로 가운데 구멍을 내고 막대를 돌려가며 구멍 크기를 넓힌다. 발효된 반죽이 구워지면서 부풀어 오르는 걸 감안해 최대한 구멍을 크게 낸다. 작은 반죽을 가지고 이런 작업을 하다 보면, '좀 더

크게 만드는 게 어때?'라는 생각이 들 법도 하다. 먹는 사람 입장에서도 커피 잔보다 작은 베이글을 먹다 잔에 빠뜨리는 곤혹스러운 일을 겪지 않았을까? 또한, '베이글 세 개는 먹어야 배가 부르다'는 속담도 있었다는데, 한 끼에 여러 개보다는 큼직한 하나를 먹는 게 모양새도 더 나았을 것 같다.

베이글은 19세기 후반부터 20세기 초반까지 동유럽의 유대인이 미국과 캐나다로 대거 이주하면서 북아메리카 대륙에 퍼져나갔다. 그 중심에 많은 수의 유대인이 거주하는 뉴욕이 있었다. 2022년 기준 뉴욕의 인구는 약 1,968만 명으로 추산되는데, 이 중 유대인의 수는 160만 명 정도로 파악된다. 뉴욕은 맨해튼, 브롱크스, 브루클린, 퀸스, 스태튼 아일랜드의 다섯 구역으로 나뉘어 있는데, 뉴욕 인구에서 작지 않은 비율을 차지하는 유대인들은 특히 브루클린 지역에 많이 거주한다.

이제는 뉴요커의 상징처럼 그려지는, 바쁜 걸음으로 직장으로 향하면서 한 손엔 베이글을 다른 한 손엔 커피를 들고 다니는 모습은 유대인 이민자로부터 시작했을지도 모른다. 초기 유대인 이민자가 미국인 회사에서 일을 하기 위해 바삐 집을 나서면서 아침을 해결하기는 만만치 않았을 것이다. 더군다나 머나먼 이국땅에서 유대인 율법을 지켜서 만든 음식을 찾기는 더 어려웠을 테다. 이런 상황에서 베이글은 유대인 이민자들에게 자연스럽게 큰 인기를 끌었고, 그 모습을 본 실용적인 미국인들도 자연스럽게 베이글과 커피를 선택했던 것이 아닐까.

유대인의 음식에서 미국인의 아침 식사로

베이글의 인기는 뉴욕을 기점으로 동부 지역으로 확장되었고, 이후 산업화 시기와 맞물려 미국 전역으로 뻗어나갔다. 베이글의 순수한 맛과 식감을 즐겼던 유대인과 달리, 미국인의 입맛에는 베이글이 조금 심심했다. 미국인들은 베이글에 다양한 맛을 더하기 시작했다. 커다란 베이글을 갈라 크림치즈나 버터를 바르고, 달걀과 훈제 연어를 넣은 베이글 샌드위치로 풍성한 아침 식사를 만든 것이다.

앞서 설명했듯이, 베이글 만드는 데 가장 중요한 도구는 나무 막대다. 반죽을 밀어 늘이고, 적당한 크기로 자르고, 가운데 동그란 구멍을 내는 것을 다 나무 막대로 한다. 구운 베이글 역시 이 나무 막대에 걸어놓는다. 1920년대에는 뉴욕의 제빵사들이 완성된 베이글을 긴 나무 막대에 걸고 다니면서 판매하는 진풍경이 생겨나기도 했다.

20세기 초 뉴욕에는 베이글 전문 제빵사들의 조합인 '베이글 베이커스 로컬 338Bagel Bakers Local 338'이 결성되었다. 이들은 베이글의 유통 기한을 연장하기 위해 반죽의 성분을 개발하고 과일 추출액을 넣는 등 품질을 개선하고 사업을 다각도로 확장하기 위해 힘썼다. 그러나 이들이 다양한 실험과 개발을 하면서도 꼭 지켰던 중요한 원칙이 있었는데, 바로 '베이글은 꼭 손으로 만들어야 한다.'는 것이었다.

하지만 전통적인 방법은 결국 기계화를 이겨내지 못했다. 1950년대 중반 토머스 애트우드Thomas A. Atwood가 베이글을 반죽하는 기계를 개발했고, 1960년대에 대니얼 톰슨Daniel Thompson이 베이글 제조 전 공정을 자동으로 진행하는 시스템을 구축했다. 그 뒤로 베이글의 대량 생산이 본격적으로 시작됐다. 결국 수제 베이글을 고수하던 뉴욕 맨해튼에도 기계화된 공장에서 만든 베이글을 받아 판매하는 가게들이 들어섰다. 소비자들은 표준화된 맛과 싼 가격 때문에, 판매자들은 좀 더 안정적인 유통구조 때문에 기계

로 만든 베이글을 선호하게 되었다. 이후 미국 내 거대한 식품 회사인 켈로그Kellogg's와 제너럴 밀스Generel mills 등에서 베이글을 대량 생산하면서 시장을 한층 더 확장시켰고, 뉴욕 거주 유대인의 음식이었던 베이글은 마침내 전 미국인이 사랑하는 아침 식사로 자리 잡게 되었다. 미국에서 베이글은 보통 1.5~2달러 정도로 저렴한데, 바쁜 아침 카페에 잠시 들러 커피와 함께 즐기거나 마트나 유명 베이커리에서 판매하는 베이글을 구입해 집에 두고 먹는 것이 일반적이다.

뉴요커처럼 베이글 먹기

베이글은 여느 빵과 다른 과정을 하나 더 거친다. 뜨거운 물에서 반죽을 1분 정도 살짝 익힌 다음에 175~185도의 오븐에서 15분 정도 구워 완성하는 것이다. 이렇게 만든 베이글을 플레인 베이글plain bagel이라고 부르는데, 여기에 다진 마늘을 올리면 갈릭 베이글garlic bagel, 다진 양파를 올리면 어니언 베이글onion bagel, 블루베리를 믹스해 반죽을 만들면 블루베리 베이글blueberry bagel이 된다. 일반적으로 미국인은 참깨sesame를 아시아의 식재료라고 생각하면서도 많은 사람들이 참깨 베이글을 좋아한다. 베이글 위를 가득 채운 참깨는 한국인이 보기에 조금은 부담스럽지만, 뉴요커들은 참깨 베이글을 참 맛있게도 먹는다.

뉴욕의 베이글은 두께가 두툼하며 쫄깃한 맛이 난다. 위에서 소개한 베이글 종류 말고도, 뉴욕에서만 찾을 수 있는 독특한 베이글이 다양하게 있다. 시나몬 베이글cinnamon bagel, 귀리 베이글oat bran bagel, 건포도 베이글raisin bagel을 비롯해 두툼한 통밀이나 여러 가지 곡물이 섞여 있는 멀티 그레인 베이글multigrain bagel, 다양한 곡물, 양파, 마늘 등이 모두 들어간 에브리싱 베이글everything bagel을 비롯해, 검은깨처럼 생긴 양귀비 씨앗poppy이 올라간 베이글과 다진 양파를 얹은 폴란드 스타일의 베이글인 비알리bialy도 뉴욕에서만 맛볼 수 있는 특별한 베이글이다.

뉴욕의 수제 베이글에는 얽히고설킨 것 같은 이음새가 있는데, 제빵사들이 반죽을 길게 늘인 뒤 움켜 잡듯 반죽을 쥐어 동그란 모양의 베이글을 만들 때 생기는 모양이다. 왼손으로 반죽을 길게 만 다음 오른손으로 재빨리 동그랗게 모양을 잡는 것은 숙련된 제빵사가 아니면 하기 힘든 기술이다. 기계로 만든 것과 달리 투박한 모양이지만, 좀 더 정겹고 먹음직하다. 일반적으로 유통되는 베이글은 기계로 대량 생산한 것으로, 반죽을 발효시키는 시간이 좀 더 길고, 끓는 물에 데치지 않고 증기로 쪄내는 방식을 주로 사용한다. 이렇게 만들면 수작업으로 만든 것보다 속의 조직이 좀 더 질겨진다. 이런 맛의 차이 때문에 뉴요커들은 여전히 수작업을 고집하는 허름하지만 오랜 전통의 베이글 가게에서 하루를 시작하곤 한다.

맛있게 완성된 베이글은 보통 상온에 보관한다. 갓 구워낸 베이글은 바삭바삭하고 쫀쫀한 맛이 있지만, 만들어놓고 시간이 지난 베이글은 표면이 거칠어지고 속 조직도 단단하게 변한다. 그래서 이미 만들어놓은 베이글을 구입한 사람들은 베이글을 가로로 반 갈라 살짝 토스트한 뒤 먹는데, 자극적인 입맛을 가진 뉴요커들은 여기에 크림치즈를 발라 먹는다. 바삭하게 구운 베이글과 짭조름하고 진한 맛의 크림치즈는 생각만 해도 군침이 흐르는 조합이다. 1880년 필라델피아에서 탄생한 '필라델피아 크림치즈Philadelphia Cream Cheese'는 뉴욕 베이글과 동반성장했다 해도 과언이 아니다. 이제는 미국 어디에서나 베이글을 주문하면 자연스레 "크림치즈? 아니면 버터?"라고 물어보는데, 크림치즈를 듬뿍 바른 베이글에 훈제 연어를 올려 먹는 베이글 샌드위치는 뉴욕에서 꼭 먹어봐야 할 음식이다.

뉴욕의 베이글 가게에 들어서면 각종 생선, 고기, 슬라이스한 치즈, 샐러드 채소가 눈에 띈다. 이렇듯 다양한 재료가 있지만, 이 가운데서 가장 먼저 눈을 사로잡는 것은 아이스크림 가게의 쇼케이스처럼 진열되어 있는 각양각색의 크림치즈다. 생전처음 보는 크림치즈도 많은데, 무난하게 선택하려면 플레인 크림치즈나 채소 크림치즈, 올리브 크림치즈가 좋다. 조금 특별하게 선택하고 싶다면 건포도 크림치즈, 호두 크림치즈, 선드라이 토마토 크림치즈, 딜 크림치즈, 차이브 크림치즈가 있으며, 요구르트와 사워크림

을 믹스한 크림소스나 케이퍼를 갈아 넣은 크림소스 조합도 맛이
뛰어나다.

베이글 샌드위치를 주문할 때는 세 가지를 골라야 하는데, 베이글, 크림치즈, 속 재료 순으로 각각 고르면 직원이 재빠른 손놀림으로 샌드위치를 만들어준다. 베이글 샌드위치의 속 재료로는 연어를 많이 사용하는데, 주문을 받으면 진열대 안의 훈제 연어를 꺼내 얇게 슬라이스해서 넣어준다. 따뜻하게 토스트한 베이글에 구운 연어와 달걀을 넣은 베이글, 두툼한 베이컨과 담백한 캐네디언 햄을 치즈와 함께 넣은 햄&치즈 베이글은 든든한 하루를 위한 아침 메뉴로 손색없다. 최근에는 다양한 색깔의 반죽을 겹쳐서 만든 레인보 베이글rainbow bagel이 유행했는데, 미국에서의 인기에 힘입어 한국을 비롯해 세계 곳곳에서 각광받고 있다.

베이글 샌드위치를 주문할 때 크림치즈는 맛이 너무 강하지 않은 것으로 고르는 게 좋다. 또한 여러 가지 속 재료까지 채운 베이글 샌드위치는 양이 꽤 되므로, 아쉽지만 여러 가지 베이글을 주문하는 것은 피하도록 한다.

먹어보자, 뉴욕 베이글!

맨해튼 내에는 수많은 베이글 가게가 운영 중인데, 한국인에게 잘 알려진 뉴욕 3대 베이글 가게로는 에사 베이글Ess-a-Bagel, 머리

스 베이글Murray's Bagels, 브루클린 베이글 앤 커피 컴퍼니Brooklyn Bagel & Coffee Company를 들 수 있다. 에사 베이글에서는 연어가 들어간 클래식 시그니처 페이보릿Classic Signature Favorite을, 머리스 베이글에서는 에브리싱 베이글에 스켈리온 크림치즈를, 브루클린 베이글 앤 커피 컴퍼니에서는 딸기 크림치즈를 곁들여 먹으면 뉴욕에서의 아침이 좀 더 풍성해질 것이다.

에사 베이글Ess-a-Bagel
주소 831 3rd Ave, New York, NY 10022
전화 212-980-1010
영업시간 매일 06:00~17:00

머리스 베이글Murray's Bagels
주소 500 6th Ave, New York, NY 10011
전화 212-462-2830
영업시간 매일 06:00~16:00

브루클린 베이글
주소 286 8th Ave, New York, NY 10001
전화 212-924-2824
영업시간 월-금 06:30~15:00, 토-일 07~15:00

스타벅스와 던킨, 그리고 미국인의 커피 사랑

미국인의 하루는 커피로 시작해 커피로 끝난다고 할 만큼 그들의 커피 사랑은 각별하다. 아침에 일어나자마자 하는 일이 바로 커피를 내리는 것인데, 집에서 커피를 마시지 못하면 출근 전에 꼭 커피숍에 들른다. 여기서 '커피숍'은 카페라는 특정한 공간이 아니라 커피를 파는 여러 상점을 통틀어 가리키는 말이다. 주유소에서도, 편의점에서도, 간이음식점인 델리마켓에서도 이른 아침부터 커피를 판다. 이렇게 출근하면서 커피를 마신 미국인들은 오전에 일을 하면서도 커피를 마시고, 점심 식사를 하고 난 오후에 또 커피를 마신다.

음식물 반입이 금지된 공간이라도 커피만큼은 허용되는 나라가 바로 미국이다. 일하다 잠시 휴식을 취하는 시간을 '커피 브레이크'라 하고, 커피 한 잔을 손에 들고 가벼운 회의를 하는 시간을 '커피 타임'이라 하는 데서 보듯이, 미국 사회에서 커피는 그냥 '음료'가 아니다. 심지어 산소탱크가 파열돼 달에 착륙하지 못하고 지구로 귀환하는 아폴로 13호의 승무원들에게 전해진 메시지도 "여기는 휴스턴. 승무원 여러분, 조금만 더 힘을 내십시오. 당신들은 지금 뜨거운 커피 한 잔으로 향하는 길을 걷고 있습니다."였다고 한다.

바둑판처럼 형성된 맨해튼 거리를 걷다보면 서울의 강남역 인근과 마찬가지로 블록당 하나씩은 꼭 마주치는 곳이 바로 스타벅스다. 많은 사람이 스타벅스를 찾아 흔하게 주문하는 메뉴는 아메리카노다. 아메리카노가 커피의 원형이라고 생각하는 사람이 많을 정도로 일반적인 메뉴지만, 사실 아메리카노는 에스프레소가 너무 써 물을 타기 시작한 것이 그 기원이다.

17세기 말까지만 해도 미국에서 커피를 즐기는 사람은 많지 않았다. 일부 사람들은 검은색 음료에 대해 두려움과 의구심을 가졌고, "사탄의 쓰디쓴 발명품Bitter invention of satan"이라고 부르기도 했다. 그러던 미국이 이제는 전 세계 커피 생산량의 3분의 2 이상을 소비하는 세계 최대의 커피 소비국이 되었다.

미국인이 사랑하는 아메리카노

에스프레소는 커피를 내리는 여러 가지 방법 중 하나다. 1900년 대 초반 이탈리아에서 최초로 만든 에스프레소는, 기계를 이용해 고온 고압으로 빠르고 진하게 추출한 커피다. 이후 유럽에서는 간편하게 마실 수 있는 이 에스프레소가 일반화되었지만, 미국인이 에스프레소를 접한 것은 제2차 세계대전 당시 이탈리아를 점령한 미군을 통해서라고 한다. 에스프레소의 진한 맛에 익숙지 않았던 미군들이 커피에 물을 타서 연하게 마시면서 아메리카노라는 말이 생겼다는 게 정설 아닌 정설이다. 당시 아메리카노라는 말은 커피 맛도 모르는 미국인들을 비하하는 발언으로 사용되었다는 데, 이 때문인지 몇 십 년 전까지만 하더라도 미국에서는 아메리카노라는 단어를 사용하지 않았다.

미국에서는 커피를, 에스프레소를 추출해 물을 섞은 '아메리카노'와 커피메이커로 내린 '커피', 두 가지로 나눈다. 일반 커피숍에서 '커피'를 주문하면 커피메이커로 내린 커피를 주는데, 대부분의 미국인은 여기에 엄청난 양의 설탕과 크림을 넣어 한국인에게 친숙한 소위 '다방 커피'를 만들어 마신다.

처음 커피가 유럽의 이민자들과 함께 미국에 도착했을 당시만 하더라도 커피를 만드는 방법이 다양했는데, 보통은 주전자에 커피 가루를 넣고 한약 달이듯 한참 끓여낸 물을 마셨다. 미국 서부 영화에서 서부 개척 시대 카우보이들이 이렇게 커피를 마시는 장면을 종종 볼 수 있다. 이후 여러 커피 도구들이 개발되면서 커피를 즐기는 더 많은 방법이 생겨났고, 현재는 커피머신에 캡슐만 넣어서 추출하는 편리한 방법도 소비자를 유혹 중이다.

뉴요커들이 출근길에 마시는 커피는 둘 중 하나다. 한 무리는 스타벅스의 일회용 컵을 들고 다니고, 또 다른 한 무리는 던킨도너츠의 일회용 컵을 들고 다닌다. 스타벅스의 미국 내 매장 수는 1만 1,000개, 던킨도너츠는 8,500개로 쌍벽을 이루고 있다. 스타벅스가 시작된 곳은 서부의 시애틀, 던킨도너츠는 동부의 보스턴으로, 정반대의 지역에서 시작한 것부터 흥미롭다. 미국의 커피 가격은 한국에 비해 저렴한 편인데, 미디엄 사이즈 한 잔 기준(16온스)으로 스타벅스는 3.55달러, 던킨도너츠는 2.49달러다(2022년 기준).

두 커피 브랜드에 대한 고객의 충성도는 커피 추출 방식과 관련 있다. 스타벅스에서는 에스프레소 기반의 아메리카노와 카푸치노 등을 마시고, 던킨도너츠에서는 커피메이커에서 내린 커피를 마신다. 그래서 던킨도너츠의 커피를 받아든 미국인이 가장 먼저 하는 일은 엄청난 양의 설탕과 우유 또는 크림을 넣어 자신만의 커피를 만드는 것이다. 실제로 아메리카노가 아닌 '커피'를 주문하면, 점원이 "설탕이나 크림 넣을까요?Sugar or cream in it?"이라고 되묻는데, 이때 "블랙커피Just Black"라고 말하지 않으면 커피에 설

탕과 크림을 넣어주는 것이 일반적이다.

뉴욕에서 그리 멀지 않은 캐나다 동부는 프랑스 문화권이어서, 카페에서 커피를 주문하면 당연히 에스프레소를 그대로 준다. 아메리카노를 요청하면 '어디서 저런 커피 맛도 모르는 사람이 왔나?'라는 표정으로 에스프레소에 물을 섞어 건네주는데, 그 순간만큼은 이 순한 커피 한 잔이 살짝 부끄럽게 느껴진다. 물론 뉴욕에서는 그럴 일이 없다.

어쨌거나, 한번 내려놓고 주야장천 온도를 유지하며 따라 마시는 커피메이커의 커피에 비해, 그때그때 내리는 에스프레소 기반 커피가 커피 애호가의 입맛을 사로잡은 것은 자연스러운 일! 스타벅스로 상징되는 에스프레소 기반의 커피숍의 공습은 맨해튼도 예외가 아니다.

마셔보자, 뉴욕 커피!

맨해튼에서는 한 블록에 하나씩 상권이 형성돼 있어서, 사람들은 점심을 먹기 위해 블록 하나 이상 건너가기를 꺼린다. 복잡한 맨해튼에서 여러 블록을 지나다니는 것은 미국인들의 짧은 점심시간 안에는 불가능한 일이기도 하다. 이러한 뉴욕이지만, 조금만 신경 써서 들여다보면 뉴욕만의 개성을 살린 로컬 카페들을 쉽게 찾을 수 있다.

그중에서도 엄선한 생두를 수입하고 직접 로스팅하는 카페들이 두각을 나타내고 있다. 자신만의 맛있는 커피를 완성하기 때문이다. 뉴욕에서는 이렇게 로스터리를 겸한 트렌디한 카페를 대학교 주변에서 많이 만날 수 있는데, 그중에서도 싱크 커피Think Coffee는 뉴욕 대학교NYU 학생들이 즐겨 찾는 카페다.

캠퍼스라는 공간이 주변 지역과 명확히 구분되는 한국의 대학들과는 달리, 뉴욕대는 맨해튼의 워싱턴스퀘어 파크를 중심으로 대학 건물이 다른 건물들과 뒤섞여 여기저기 흩어져 있다. 이렇게 흩어져 있는 대학 건물 사이에서 중심부에 위치한 싱크 커피는 자연스럽게 학생들의 아지트가 되었다. 그래서 싱크 커피는 우아한 분위기의 커피숍이라기보다 수업이 비는 시간에 학생들이 모여 왁자지껄 떠들거나 귀에 이어폰을 끼고 책을 들여다보는 공간이다. 2009년 방영된 한 예능 프로그램 덕에 한국에도 잘 알려져, 이후 뉴욕을 방문한 한국 사람들이 한 번씩 찾아가는 커피 성지가 되기도 했다.

싱크 커피를 군이 번역하자면 '생각하는 커피' 정도일 텐데, 유기농 커피를 공정무역으로 들여오는 카페의 기조를 연상시키는 이름이다. 싱크 커피의 대표 메뉴 중 하나는 두유를 넣은 '소이빈라테soy bean latte'인데, 우유를 소화하기 힘든 사람들을 위해 두유를 사용한다. 커피뿐 아니라 와인과 맥주 그리고 가벼운 음식도 판매하는데, 날씨가 좋은 날에는 커피와 샌드위치를 들고 나가 가

싱크 커피 Think Coffee

주소 73 8th Ave, New York, NY 10014

전화 제공하지 않음

영업시간 월-금 06:30~19:00, 토-일 07:00~19:00

게 앞 땅바닥에 주저앉아 먹는 학생들의 모습에서 자유스러움이 느껴진다. 싱크 커피는 뉴욕 이곳저곳을 비롯해 한국에도 지점을 낼 정도로 성장하고 있지만, 이런 분위기는 역시 뉴욕대 본점에서 가장 강하게 느낄 수 있다.

조 커피Joe Coffee는 뉴욕대 인근에서 싱크 커피와 경쟁을 펼치는 곳이다. 상호에서 느껴지듯 주인장 이름이 조Joe일 가능성은 99퍼센트쯤? 자료를 찾아보니 역시 설립자의 이름이 조너선 루빈스타인Jonathan Rubinstein인데, 미국에서는 '조너선'을 '조'라고 줄여 부르

는 경우가 많다.

2003년 문을 연 이곳은 분위기 좋은 카페로 유명하다. 조 커피에서는 뉴욕의 평화로운 분위기를 한껏 느낄 수 있다. 한적한 주택가인 그리니치 빌리지Greenwich Village의 게이 스트리트Gay Street에 위치한 자그마한 카페에 학생들이 드나들며 익숙한 듯 안부를 묻고, 그 무섭다는 뉴욕 경찰도 잠시 들러 시원한 아이스커피를 마신다. 딱 동네 사람들이 드나드는 따뜻한 공간이다. 분위기 하나만으로도 커피 맛이 살아나는 조 커피에서는 투박하면서도 사람 사는 정겨움이 느껴진다.

싱크 커피가 뉴욕대 학생들의 사랑방 같다면, 조 커피는 차분한 공부방 같다. 여러 명의 학생이 이제 곧 제출해야 하는 두툼한 리포트를 사이에 두고 의견을 나누느라 분주하지만, 역시나 커피 한 잔이 빠질 수는 없다. 잠시 숨을 돌리게 만들어주는 커피 한 잔에서 카페 자체의 생동감이 느껴진다.

맨해튼에서 맛있는 커피를 마시고 싶을 때 빼놓을 수 없는 곳

조 커피Joe Coffee
주소 405 W 23rd St, New York, NY 10011
전화 212-206-0669
영업시간 월-금 06:30~19:00, 토-일 07:00~19:00

이 바로 안경 낀 남자의 얼굴 일러스트를 로고로 내세우고 있는 그레고리스 커피Gregorys Coffee다. 인상적인 로고 덕분에 사람들은 이 카페를 쉽게 기억하고 찾게 된다.

운이 좋다면, 가게에 들어섰을 때 로고와 똑같이 생긴 안경 낀 남자, 그레고리 잠포티스Gregory Zamfotis 씨가 처음 카페를 열었을 때와 다를 바 없는 모습으로 커피를 볶는 것을 볼 수도 있다(그레고리스 커피는 맨해튼에만 스무 곳 이상의 지점이 있는데, 그는 하루에 5~6개 매장에 들른다고 한다).

그레고리스 커피에서는 미국의 여느 커피숍에서는 보기 어려운 다양한 커피 도구들을 볼 수 있다. 에어로프레스나 높고 기다란 유리로 된 콜드브루 메이커는, 맛은 차치하고라도 이곳 주인장이 얼마나 커피에 애정이 많은지를 느끼게 한다. 그레고리스 커피는 특별하지 않지만 편안한 커피를 지향한다. 예를 들어 모카커피를 주문하면 사람들이 흔히 떠올리는, 무겁지도 가볍지도 않은 모카커피를 딱 내준다. 사람들이 원하는 다양한 맛의 커피를 딱 맞춰 내주는 것은, 쉬운 일 같지만 가장 어려운 전략이다. 작은 카페로 시작한 그레고리스 커피가 뉴욕에서 인기 있는 로컬 커피 브랜드가 된 비결이다.

나에게 뉴욕에서만 맛볼 수 있는 맛있는 커피를 추천하라면, 주저 없이 브루클린 로스터Brooklyn Roaster를 꼽을 것이다. 브루클린 로스터는 과거 가난한 흑인들의 동네였던 브루클린의 덤보Dumbo 지역에서 성장하고 있는 로스터리 카페다. 원두를 담는 패키지에도 브루클린 지역에서만 느껴지는 특유의 어두운 감성을 담아냈는데, 강 하나 건넜을 뿐인데 맨해튼과는 너무도 다른 브루클린만의 다양한 색채를 느껴볼 수 있다.

덤보는 2000년대 초반까지만 해도 걸어 다니기 위험한 지역이었지만, 이제는 예술가들이 그림과 음악의 싹을 틔워 새로운 관광명소로 거듭나고 있다. 사실 브루클린의 일부 지역은 여전히 위험한 지역으로 명시되어 있지만, 덤보만큼은 예외다. 트렌디한 와인숍과 레스토랑, 그리고 오래된 공장을 개조해 만든 마켓 등 브루클린만의 문화가 덤보 지역에서 예술과 결합하고 있다.

예술가에겐 와인 한 잔과 더불어 커피는 빠질 수 없는 기호품인 듯하다. 덤보 지역의 시작부터 함께한 브루클린 로스터는 공정무역으로 들여온 생두를 커다란 공장에서 로스팅하면서 브루클린 일대에서 확장을 거듭했고, 뛰어난 로스팅 덕분에 이곳에서 원두를 공급받아 사용하는 카페도 꽤 있다. 그런 카페들에서는 브루클린 로스터의 원두를 사용한다는 스티커를 자랑스럽게 붙여놓을 정도다.

브루클린 로스터의 아메리카노는 다른 카페의 아메리카노보다진한 맛과 향이 특징인데, 에스프레소의 강렬함이 살아 있는 커피맛이 일품이다. 이곳에서 커피를 받아 들고 브루클린 브리지로 걸어 나가 해가 지는 맨해튼 월 스트리트를 보고 있노라면, '뉴욕에서 지내는 것도 나쁘지 않구나.'라는 생각이 절로 든다. 신호등의신호가 바뀌기도 전에 횡단보도를 건너는 것이 당연한 바쁜 뉴요커들이 가득한 맨해튼을 바깥에서 바라다보니 더 낭만적으로 느껴지는지도 모른다.

여전히 수많은 커피 브랜드가 각자만의 맛과 개성으로 출현하고 있으며, 생기고 없어지기를 반복하면서 뉴욕의 커피 문화는 늘현재진행형이다.

그레고리스 커피 Gregorys Coffee

주소 874 6th Ave, New York, NY 10001

전화 212-206-0669

영업시간 월-금 06:30~19:00, 토-일 07:00~19:00

브루클린 로스터 Brooklyn Roaster

주소 200 Flushing Ave, Brooklyn, NY 11205

전화 718-858-5500

영업시간 월-금 06:00~19:00, 토-일 07:00~19:00

ⓒ 정은주

미국인은 어떻게
커피에 빠져들었을까

미국의 커피 역사는 미국의 역사와 함께 시작되었다. 1600년대 중반 영국에서 온 이민자들과 함께 뉴암스테르담New Amsterdam(현재의 뉴욕 맨해튼 지역)으로 커피가 전해졌다. 미국 최초의 카페는 1691년 메사추세츠 주 보스턴에서 문을 연 '거트리지 커피하우스Gutteridge Coffee House'이며, 1696년에는 뉴욕에 '더 킹스 암스The King's Arms'라는 카페가 생겨 뉴욕에서도 커피를 맛볼 수 있게 된다.

커피하우스들이 빠른 속도로 생겨나기는 했지만, 사람들이 즐겨 찾는 음료는 여전히 전통적인 차tea, 특히 홍차였다. 그러나 1773년 보스턴 차 사건을 계기로, 미국의 음료 문화에 커다란 변화가 일어났다. 영국 정부는 아시아와의 무역에서 발생한 적자를 벌충하기 위해 동인도회사에게 미국에 대한 홍차 무역 독점권을 허용하고 차의 밀무역을 금지했다. 독점 공급으로 인해 홍차 가격이 급등하자 미국인의 불만은 계속 쌓였다. 그러다 1773년 12월, 인디언으로 위장한 급진파 미국인들이 보스턴 항구에 정박 중인 영국 동인도회사 소속 배에 올라 3척의 배에서 총 342개의 차 상자를 바다로 던져버렸다. 이 사건 전후로 미국 전역에서 비슷한 사건과 차 불매 운동이 벌어졌다.

영국에 대한 반감과 비싼 홍차 가격 때문에 일어난 불매 운동으로 인해 미국에서는 홍차를 대신하는 음료가 필요해졌다. 이때 자연스럽게 떠오른 것이 커피였다. 영국과 겨루던 네덜란드와 프랑스가 자신의 식민지에서 재배한 커피로 미국을 공략했다. 네덜란드의 무역업자들은 인도네시아에서 생산된 품질 좋은 커피를 미국에 판매했다. 프랑스는 카리브해 연안의 식민지에서 수탈한 커피를 대량으로 미국에 판매했다. 이를 계기로 미국은 전 세계에서 커피를 가장 많이 마시는 나라가 되었다.

커피는 미국인의 식생활에 본격적으로 들어오게 되었는데, 미국의 제7대 대통령인 앤드루 잭슨(재임 1829~1837)이 미국 육군의 전투 식량으로 커피를 지급하라고 지시했을 정도였다. 남북전쟁 당시 육군의 전투교범에는 "커피는 체력, 기력의 근원"이라고 명시되었으며, 북부군에게는 많게는 하루에 1.8리터의 커피가 공급되었다.

심지어 북군 병사가 사용하던 소총의 개머리판에는
커피 원두를 갈 수 있게 그라인더가 장착돼
있기도 했다.

다이너, 미국인의 허기를
달래주는 식당

브랙퍼스트는 너무나도 넓은 범주의 단어지만, 아메리칸 브랙
퍼스트는 몇몇 특정 요리를 가리키는 단어가 될 수 있다. 지금이
야 많은 아시아인 관광객이 호텔을 이용하면서 여러 빵들 옆에 죽
과 국 등이 놓인 '인터내셔널 브랙퍼스
트'가 되었지만, 많은 한국 사람
들은 아메리칸 브랙퍼스트
하면 토스트한 식빵과 과
일 잼, 주스, 시리얼 등

© 정은주

서양 음식들을 떠올릴 것이다. 한국 사람들이 이렇게 생각하게 된 이유는 한국 호텔 식문화의 형성 과정과 관련이 깊다. 맛있는 음식을 먹으려면 지역의 개인 레스토랑을 찾아가면 되는 서양과 달리, 개발도상국 한국에서는 고급 음식, 특히 한국에서 구하기 어려운 식재료로 만든 음식은 호텔 내 레스토랑과 미8군 내 레스토랑에서만 찾아볼 수 있었다. 대부분 미국 계열인 체인 호텔들은 자연스럽게 미국의 식문화를 가지고 한국에 들어왔는데, 이 때문에 한국 사람들에게 호텔의 아침 식사는 자연스럽게 '아메리칸 브랙퍼스트'로 인식되었다.

뉴욕의 일반적인 호텔(비즈니스 호텔)에서는 아침 식사를 제공하는 경우가 드물지만, 싼 가격으로 고객을 유치하려는 체인 호텔은 숙박비에 아침 식사를 포함하는 경우가 많다. 대체로 하룻밤에 100달러 이하의 숙박비로 고객을 유인하는데, 가격으로 고민할 때 '공짜 아침 식사Free Breakfast'는 제법 큰 역할을 한다. 이때 제공되는 아침 식사가 바로 아메리칸 브랙퍼스트다. 대부분 뷔페식이며, 쉽게 상상하는 딱 그 모습이다. 토스트 기계 옆에 놓인 식빵, 딸기 잼, 버터, 삶은 달걀들, 그 옆으로는 딱딱할 정도로 바짝 구운 베이컨과 데우기만 하면 되는 냉동 달걀 요리(맥도날드의 맥모닝에 들어가는 달걀), 그리고 직접 만들어 먹도록 놓인 와플 기계와 시럽, 두세 가지 종류의 시리얼과 요구르트, 우유, 사과 등이 뉴욕의 호텔에서 가장 흔하게 볼 수 있는 미국인의 아침 식사다. 물론 커피는 기본이다.

하지만 많은 미국인이 생각하는 아메리칸 브랙퍼스트란 모름지기 '갓 구워낸 달걀 요리'가 포함된 음식을 뜻하는데, 앞에서 다룬 간단하게 끼니를 때우는 음식들과 달리 여유롭게 앉아서 서비스 받는 식사다. 여유로운 주말 아침에 식당에 들러 먹을 수 있는 미국 음식을 생각하면 된다. 좀 더 구체적으로 설명하면, 아메리칸 브랙퍼스트는 보통 식빵 두 조각, 달걀 두 개, 감자(홈프라이)를 포함한다. 달걀 요리는 오믈렛, 오버 이지 등 다양한 조리법 중에서 하나를 선택하며, 여기에 바삭하게 구워낸 베이컨과 가느다란 브랙퍼스트 소시지 두 줄 정도를 추가해 주문하는 경우가 일반적이다. 아침부터 밥과 국을 먹는 한국인에게는 여전히 간단한 끼니로 보이지만, 미국인들에게는 앉아서 아침 식사를 한다는 것 자체가 '여유롭게 먹는 한 끼'라는 의미를 갖는다.

정말 맛있는 음식을 내지 않는 한, 뉴요커들이 호텔 내 레스토랑에서 식사하는 경우는 드물다. 뉴요커뿐 아니라 미국인 대부분의 성향이 비슷하다. 호텔에 《미슐랭 가이드》 별점을 받은 레스토랑이 입점해 있거나, 라스베이거스와 애틀랜틱시티에서처럼 카지노로 성행하는 호텔에 유명 레스토랑이 입점해 있는 경우를 제외하고는, 미국인은 대부분 호텔이 잠을 자는 공간이라고만 생각한다. 그렇기에, 거꾸로 아침 식사가 맛있어서 호텔이 유명해지는 경우도 볼 수 있다. '더 보워리 호텔The Bowery Hotel' 안에 있는 레스토랑 젬마Gemma는 주말 아침마다 조식을 먹기 위해 찾는 손님들로 북적인다.

하지만 많은 미국인이 찾는 아침 식사 장소는 따로 있다.

다이너, 노동자의 식사를 24시간 책임지는 곳

다이너diner는 아침부터 밤늦게까지 여는 식당을 가리키는데, 고속도로 주변 등에는 24시간 운영하는 곳도 있다. 뉴욕에 여행 온 사람들이 가장 당혹스러워하는 것은 뮤지컬의 본고장 브로드웨이에서 공연을 보고 10시가 넘어 느지막이 나왔는데 식사할 곳이 없다는 점이다. 한국에서처럼 어디든 문 연 식당이 있겠거니 생각하고 거리에 나왔을 때 먹을 수 있는 음식은 펍이나 스포츠바(대형 TV를 수십 대 비치해놓고 스포츠 경기를 보며 맥주를 즐기는 공간)에서 판매하는 닭날개튀김이나 샐러드 정도가 다다. 이나마도 밤 11시 전후로 주문 마감을 하는데, 그래도 뉴욕은 다른 도시들보다 오래 영업을 하는 편이다. 뉴욕을 조금만 벗어나 시골 마을에 가면, 식당들이 밤 9시면 마감하는 것을 쉽게 볼 수 있다. 이처럼 음식을 먹을 수 있는 시간도, 메뉴도 한정돼 있는 미국 사회에서 다이너는 그야말로 천국이 아닐 수 없다. 언제 문을 열고 닫는지, 무엇을 먹을 수 있는지 생각할 필요 없이 언제 들러도 그 자리에 있는 식당, 그곳이 바로 다이너다.

뉴욕 다이너에서는 늦은 밤 퇴근한 호텔 직원들이 들러 허기를 달래고 집으로 돌아가는 모습이나 경찰들이 한밤중에 순찰을 돌다 배고픔을 해결하러 잠시 주차하는 모습을 쉽게 볼 수 있다. 다이너의 음식 자체는 세련되지 않지만 가격이 저렴하고 양이 넉넉한 데다 24시간 운영하는 곳도 많아, 다양한 직종의 노동자들을 만날 수 있다.

다이너에서는 대체로 빨리 조리할 수 있는 간단한 음식들이 메뉴로 자리 잡고 있다. 초창기 다이너에서는 제한된 공간 때문에 다양한 조리 도구를 들이기 힘들었는데, 이 때문에 햄버거와 스테이크, 핫도그처럼 오븐이 아니라 그릴grill을 사용하는 음식과 음

료가 제공되었다. 직접 만든 디저트도 빼놓을 수 없는데, 클래식한 미국식 디저트들도 꼭 함께했다. 다이너에 들어서면 당근 케이크, 치즈케이크, 바나나 푸딩 등이 유리 케이스 안에 진열되어 있는 모습을 먼저 보게 된다. 조금은 투박해 보이지만 정성껏 만든 케이크를 한 조각씩 잘라 커피와 함께 내주는 모습은 참으로 정겹게 느껴진다.

미국 사람들이 다이너를 찾을 때 대단한 음식을 먹으러 가는 것이 아니다. 편안하고 넉넉한 음식을 즐기러 가는 것인데, 자연스럽게 고향집에서 먹는 어머니의 음식이 생각난다.

다이너는 왜 열차 식당칸처럼 생겼나

다이너라는 식당의 명칭은 lunch wagon, lunch car, dining car, diner로 바뀌어왔다. 많은 다이너가 열차 식당칸처럼 좁고 긴, 조금 독특한 외관을 하고 있으며, 손님들은 길다란 카운터톱 countertop(바 모양의 테이블)에 자리 잡고 앉아 요리사가 바로 내주는 음식을 먹거나 커피를 마신다. 이 외관과 명칭의 변천이 다이너가 미국에서 발달해온 역사를 반영한다.

미국의 첫 다이너는 1872년 월터 스콧Walter Scott이 만들었다. 스콧은 로드아일랜드 주의 한 신문사 노동자들에게 말이 끄는 왜건horse-pulled wagon을 개조해 만든 공간에서 음식을 제공하는 사업

을 했다. 그는 당시에는 찾아보기 힘들었던 'Walk Up' 서비스, 즉 손님들이 찾아오면 왜건 창문으로 음식을 내주는 방식을 고안해 냈다. 지금은 쉽게 찾아볼 수 있는 푸드트럭의 시초였던 셈이다. 곧 이곳저곳에 이를 흉내 낸 왜건 식당이 만들어졌으며, 급기야 짐마차가 아니라 식사를 제공하는 왜건(이른바 '런치 왜건')을 상업 적으로 생산하는 이도 나타났다.

다이너는 1900년대 초반 미국의 경제발전과 함께 폭발적으로 성장한다. 1900년대 초, 미국 경제는 공장들이 24시간 가동해야 할 정도로 호황을 누렸다. 당시 노동자들은 2교대로 근무했는데, 왜건의 창문으로 음식을 건네주어서는 이들을 모두 수용할 수 없 었고, 왜건 안에서 식사를 할 수 있도록 테이블과 의자를 마련해 야 했다. 따라서 한정된 공간에 보다 많은 인원을 수용하기 위해 좁고 긴 구조가 요구되었는데, 그 모델이 된 것이 바로 열차의 식당칸이었다.

1940년대 이후, 다이너들은 푸드트럭처럼 이동하는 대신 점차 한곳에 자리를 잡고 본격적인 식당으로 정착했다. 대부분의 다이너는 그들이 주로 영업하던 자리에 그 모습 그대로 자리를 잡았다. 이 때문에 현재도 역사가 오래된 다이너들은 열차 식당칸과 같은 모습을 하고 있으며, 넉넉한 양과 비교적 저렴한 가격으로 늘 많은 사람이 찾고 있다.

뉴욕식 기사식당의 대표 메뉴는 아메리칸 브랙퍼스트

한국의 기사식당에 가면 김치찌개, 제육볶음 등 사람들이 평상시 즐겨 먹는 메뉴들을 공통적으로 볼 수 있는데, 뉴욕의 다이너도 마찬가지다. 뉴욕의 다이너에서는 달걀 요리가 들어간 아메리칸 브랙퍼스트를 비롯해 오믈렛, 팬케이크, 프렌치토스트 등 미국 사람들이 일반적으로 먹는 메뉴를 두루 갖추고 있다. 다이너는 이른 아침부터 늦은 밤까지 혹은 24시간 운영되고, 시간에 따라 메뉴들이 바뀐다.

보통 오전 6시부터 10시까지는 아침 메뉴를, 오전 11시부터 오후 3시까지는 점심 메뉴를, 이후에는 저녁 메뉴를 판매하는 것이다. 대부분의 식당에서 그러하듯, 시간에 맞춰 주방에서 식재료를 준비해놓으므로 시간대별로 주문이 가능한 메뉴가 정해져 있지만, 주말에는 아침부터 늦은 오후까지 브런치 메뉴를 제공하는 편이다. 미국 내에서도 지역별로 특화된 다이너들이 있고 각 다이너마다 조금씩 다른 음식들을 판매하지만, 일반적으로는 미국의 가정식을 내놓는다고 보면 된다.

맨해튼에 있는 인기 다이너들의 주차장을 보면 유독 택시가 많다. 주차 공간을 갖춘 레스토랑이 거의 없는 맨해튼에서 유일하게 무료로 주차를 하고 식사할 수 있는 곳이 바로 다이너다. 모든 다이너에 주차장이 있지는 않지만, 역사가 오래된 다이너들은 주차장을 갖추고 있는 경우가 많은데, 택시 기사로서는 대단히 반가운 일이다. 맨해튼의 레스토랑에 갈 때, 손님들은 건물 내의 상업용 주차장에 주차를 한다. 그런데 이 유료 주차장의 이용료가 30분당 12달러에 육박한다. 어떻게든 주차 공간을 만들어 손님을 유치하려는 한국의 식당들과 달리, 땅값 비싼 맨해튼의 레스토랑은 어지간하면 주차 공간을 만들지 않으며, 맨해튼에 거주하는 사람들 또한 차를 소유하지 않는 경우도 많다. 그런데 뉴욕 시는 1900년대 초중반에 가게를 내고 사업을 시작했던 업주들을 보호하기 위해, 가게를 시작할 당시와 거의 비슷한 수준으로 임대료를 유지할 수 있게 해 가게 운영을 지지하고 있다. 뉴욕의 거리를 걷다보면 50년, 100년이 넘는 레스토랑들을 쉽게 만나볼 수 있는데, 합리적인 임대료 덕분에 업주들은 오래된 식문화를 유지하면

© 정은주

서 현재까지도 운영할 수 있다. 오래된 다이너들이 주차장을 갖춘 것도 이 덕분이다.

한 가지 특이한 점은, 맨해튼과 인접한 뉴저지 주의 다이너에서는 중남미계 이민자들을 많이 만날 수 있다는 것이다. 뉴저지 주는 리쿼 라이선스liquor licence(주류 판매 허가)의 제한으로 술을 판매하는 곳이 적어, 늦은 밤 일을 마치고 돌아오다 맥주 한 잔을 즐기기에는 다이너가 더할 나위 없이 좋은 공간이기 때문이다. 미국의 식당과 술 이야기는 뒤에 조금 더 자세하게 다룬다.

달걀 요리 주문하기

집에서 차려 먹든, 다이너에서 먹든, 아메리칸 브랙퍼스트의 핵심은 달걀 요리다. 달걀 요리가 거기서 거기겠지 할 수도 있는데, 막상 주문하려고 메뉴판을 들여다보면 조리 방식에 따라 이름이 제각각 달라 머리가 아플 수도 있다.

프라이팬에 기름을 두르고 달걀 아랫면만 익힌 것은 '서니 사이드 업sunny side up', 윗면과 아랫면을 살짝만 익혀서 노른자가 살아 있는 '오버 이지over easy', 흰자와 노른자를 조금 더 익힌 '오버 미디엄over medium', 그리고 노른자를 깨서 완전하게 익혀낸 '오버 하드over hard', 여기에 껍데기를 깬 달걀을 끓는 물에 넣어 겉면만 살짝 익힌 포치드 에그poached egg와 껍데기째 삶은 달걀hard boiled egg까지

다양하다. 그 조리법을 조금 더 상세하게 설명하면 다음과 같다.

서니 사이드 업은 중불에서 달걀의 아랫면만 익혀서 윗면의 노란색 노른자가 탱글탱글 살아 있어야 한다. 많은 사람이 주문하는 오버 이지는 포크로 찍었을 때 주르륵 흐를 정도로 노른자가 살아 있어야 하는데, 센 불에서 팬에 기름을 두르고 달군 다음 달걀을 올리고 아랫면이 반쯤 익었을 때 뒤집어 20초쯤 기다렸다가 마무리하면 된다. 여기서 조금 더 익히면 오버 미디엄, 노른자를 터트려 완전히 익히면 오버 하드다. 오버 하드는 주로 노인이나 어린아이들이 찾는데, 날달걀에 대한 거부감 때문이지 싶다.

한국에서는 수란이라고 부르는 포치드 에그는 껍데기를 깬 달걀을 식초를 넉넉하게 부은 끓는 물에 투하한 뒤 건져내는 요리인데, 이 또한 흰자는 익히고 노른자는 탱탱하게 살아 있게 하는 것이 포인트다. 달걀을 뜨거운 물에 투하하면 흰자에서 두 가지 막이 생기는데, 손님에게 제공할 때는 두 가지 막 중 겉면은 떼어내 깔끔하게 모양을 잡는다. 이렇게 만든 달걀을 동그란 잉글리시 머핀 위에 올린 다음, 버터로 만든 따뜻한 홀랜다이즈hollandise 소스를 뿌려주면 근사한 에그 베네딕트egg benedict가 완성된다.

간단하게 먹는 아침 식사에서 달걀은 매우 중요한 음식이었다. 매일 먹는 달걀을 질리지 않고 즐기기 위해 미국 사람들은 여러 가지 방식으로 달걀 요리를 시도했다. 여기에 여러 나라에서 건너온 달걀 조리법들이 혼합되어 미국만의 달걀 조리법들로 자리 잡은 것이다.

한편, 오믈렛 역시 적어도 10가지 이상의 토핑 재료가 메뉴판에 나열되어 있어 고민에 빠뜨린다. 양파, 시금치, 소시지, 햄, 버섯 등 다양한 토핑을 고른 뒤 치즈까지 선택해야 하는데, 이런 선택이 귀찮으면 "다 넣어주세요Everything in it."라고 주문하면 된다. 한국에서 럭비공 모양으로 예쁘게 만들어내는 오믈렛과 달리, 손기술이 없는 미국인들은 프라이팬에서 온갖 형태의 재료를 볶다 달걀을 둘둘 만 투박한 오믈렛을 내준다. 마치 전을 부치다가 반으로 접어놓은 듯한 모양새다. 오믈렛 속을 열면 버터에 푹 빠뜨린 듯한 달걀 덩어리가 나오는데, 이런 형태의 오믈렛은 뉴욕뿐만 아니라 미국 전역에서 일반적이다.

찾아보자, 뉴욕의 다이너!

초창기에 다이너를 찾았던 사람들은 대부분 공장 노동자나 교대 근무자였고, 지금도 밤늦게 일을 마치거나 주머니 사정이 가벼운 사람들이 즐겨 찾는 공간이다. 그러나 점차 푸근한 가정식이 그리운 사람들이 찾는 공간, 가족들과 함께 넉넉하고 편안하게 음식을 즐길 수 있는 공간으로 변해가는 중이다.

1929년에 개업한 켈로그스 다이너Kellogg's Diner는 24시간 운영하는 전형적인 뉴욕의 다이너다. 카페와 트렌디한 식당들로 주목

받고 있는 윌리엄스 지역에서 예전의 모습 그대로 살아남았다. 2008년 새롭게 리노베이션해 외관은 과거에 비해 세련되게 변했지만, 내부는 여전히 올드 스쿨의 느낌을 그대로 유지하고 있다. 처음 열었을 때 판매하던 메뉴가 거의 변하지 않아 과거의 미국 음식을 느껴보기에도 충분하다.

많은 영화 촬영지로도 유명한 렉싱턴 캔디 숍Lexington Candy Shop Luncheonette은 '캔디 가게·간이식당'이라는 이름과 달리 맛있는 다이너다. 1925년 개업했으며 타임머신을 타고 돌아간 듯 그 시절 먹던 음식들이 지금도 똑같이 제공되고 있다. 실제로 맥아를 사용한 음료와 우유 파우더malted milk powder를 직접 만들고 있으며, 가

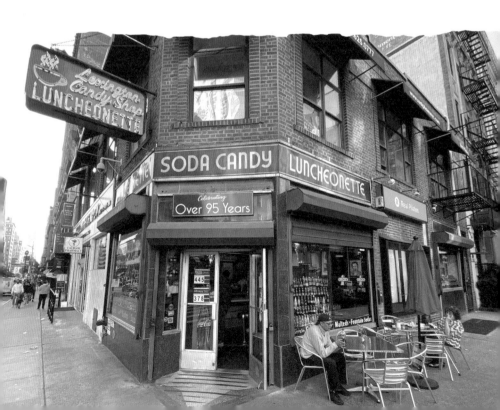

게 상호처럼 입구에서는 다양한 종류의 캔디도 판매하고 있다. 할리우드 스타 스칼렛 조핸슨 주연의 영화 〈내니 다이어리Nanny Diaries〉를 이곳에서 촬영하기도 했다.

트라이베카Tribeca 지역에 자리 잡은 다이너인 스퀘어 다이너 Square Diner는 상호 그대로 사각형의 열차 객실 모양을 하고 있다. 남편 테드Ted와 부인 애너Anna가 함께 40년 넘게 운영하고 있다. 여느 오래된 다이너처럼 20세기 중반의 미국에 있는 듯한 실내 인테리어가 매력적이다. 반짝거리는 크롬으로 만든 외관, 기차 내부를 연상케 하는 인테리어 등은 음식을 즐기기에 앞서 사람들의 발길을 끌어당긴다. 다양한 음식으로 인기를 얻고 있지만, 칠면조와 크랜베리가 들어간 파니니가 그중 유명하다.

켈로그스 다이너Kellogg's Diner
주소 518 Metropolitan Ave, Brooklyn, NY 11211
전화 718-782-4502

렉싱턴 캔디 숍Lexington Candy Shop
주소 1226 Lexington Ave, New York, NY 10028
전화 212-288-0057

스퀘어 다이너Square Diner
주소 33 Leonard St, New York, NY 10013
전화 212-925-7188

미국에서
식사와 술

　한국에서야 식사와 술을 한곳에서 해결하지만, 미국인은 식사를 하는 것과 술 마시는 것을 별개로 취급해 식사하는 공간에서는 곁들이는 정도로만 술을 마신다. 음식에 와인을 페어링하거나 맥주나 칵테일을 반주로 마시는 정도인데, 식사하는 공간에서 취할 만큼 술을 마시는 것은 미국인의 상식에서는 상상할 수도 없는 실례다. 뉴욕의 유명한 스테이크 하우스에서 와인을 여러 병 주문해 취할 만큼 마시는 한국 관광객을 가끔 볼 수 있는데, 사실 미국에서는 이런 일을 불법으로 다룬다. 바텐더나 서버가 고객에게 내줄 수 있는 술의 양이 정해져 있으며, 특히 바에서는 손님이 취할 정도로 술을 내줄 수 없다. 이미 술 취한 손님이 방문해 술을 달라고 할 경우에도 거절할 수 있으며, 음주로 인해 사고가 발생하면 그 책임의 일부를 술을 제공한 업주와 바텐더에게도 묻는다.

　또한, 미국에서는 가게를 처음 열 때 판매할 수 있는 주류 라이선스가 소프트 리쿼soft liquor와 하드 리쿼hard liquor로 나뉜다. 소프트 리쿼 라이선스는 와인과 맥주 등 대개 14도 이하의 술만 취급할 수 있다. 소프트 리쿼의 라이선스로 잘 운영하고 있는 곳에 한해 추후 하드 리쿼 라이선스도 발급하는데, 여기에 위스키를 비롯한 독주들이 포함된다. 이런 독주가 있어야 바에서는 칵테일을 만들어 여성 고객들로부터 많은 매출을 낼 수 있기 때문에, 판매자 입장에서도 술을 대단히 엄격하게 취급할 수밖에 없다. 주류 라이선스는 주마다 다른 법이 적용되는데, 뉴욕 주에서

는 신고제로 가게를 열 때 돈을 지불하면 소프트 리쿼 라이선스를 구입할 수 있다. 하지만 인접한 뉴저지 주에서는 발급되는 주류 라이선스의 수가 제한되어 있어, 마치 한국의 택시 면허처럼 천차만별의 가격으로 거래가 이루어지기도 한다. 이러니 레스토랑을 열더라도 주류를 판매할 수 없는 웃지 못할 경우도 있으며, 레스토랑을 여는 비용보다 주류 라이선스를 구입하는 비용이 더 비싼 경우도 생긴다. 뉴저지에서 한인이 많이 거주하고 있는 포트리Fort Lee나 팰리세이즈 파크Palisades Park 지역의 경우 주류 라이선스가 40만 달러에서 50만 달러에 거래되니, 그야말로 뜨거운 감자다.

오트밀과 시리얼,
그리고 그래놀라

부스럭거리며 봉지를 열어 볼bowl에 시리얼을 쏟을 때 나는 촤르르 소리에는 늘 잠이 반쯤 묻어 있다. 차가운 우유에 만 시리얼을 씹을 때 나는 촵촵 소리가 겨우 아침잠을 몰아내주는 것 같다. 어떤 이에게는 시리얼을 먹는 것마저도 사치다. 허겁지겁 출근길 지하철에 오르면 그제서야 배고픔이 몰려온다. 그럴 때는 가방에서 조그만 그래놀라바를 꺼내 질경질경 씹는다. 작은 그래놀라바 하나가 하루를 시작하는 에너지를 내준다는 광고를 떠올리며 그나마 위안을 삼는다.

집에 남은 가족들은 분명 오트밀을 먹고 있을 것이다. 밥알 같은 귀리가 듬성듬성 보이고, 걸쭉하게 끓여낸 모습이 영락없는 죽이다. 여기에 갈색 설탕을 두세 스푼 넣어 단맛을 더하는 것이 죽과 다른 점. 오래전부터 미국인들이 가정에서 쉽게 먹던 음식이 오트밀이었다. 물에 끓여 조리하는 전통 방식의 오트밀은 지금도 거의 모든 호텔의 아침 식사 메뉴에서 빠지지 않는다.

오트밀oatmeal은 귀리oat를 분쇄하거나 압착한 것, 혹은 그것으로 조리한 음식을 뜻한다. 귀리는 껍질이 단단한 곡물인데, 껍질을 잘 제거해 조리하면 쉽게 소화된다. 뜨거운 물이나 우유에 동량의 오트밀을 넣고 살짝 끓이기만 하면 끝인 데다, 조리 시간이 2~3분이면 돼 바쁜 아침에 먹기 좋다. 담백한 맛과 부드러운 식감 때문에 중장년층이 즐겨 찾는 대표적인 아침 메뉴다.

오트밀을 만들 땐 먼저 귀리의 껍질을 벗기고 건조한 뒤 볶는다. 그다음 이를 거칠게 분쇄한 것을 '그로츠groats'라고 하며, 증기 압맥기barley press로 쪄서 압착한 것을 '롤드 오츠rolled oats'라고 한다. 그로츠는 입자가 굵고 거칠기 때문에 살짝 끓여 먹어야 한다. 이에 반해 롤드 오츠는 압착 과정을 거쳤기 때문에 뜨거운 물만 부은 뒤 휘휘 저어 먹으면 되므로 '퀵 오트밀' 또는 '인스턴트 오트밀'이라고 한다.

1980년대에 "콜레스테롤 수치를 낮출 수 있다."는 연구 결과가 나온 이후 오트밀은 좀 더 인기를 끌었지만, 미국 사회에서 대표적인 아침 식사로 자리 잡는 데 결정적인 역할을 한 것은 1997년 미국 식약청FDA의 발표였다. "오트밀에 들어 있는 베타글루칸beta-glucan이라는 성분이 심장병 발병을 낮추는 효과가 있다."는 발표였다. 오트밀은 특유의 꺼끌꺼끌한 거친 식감 때문에 호불호가 갈리기는 했지만, 이를 계기로 건강한 식품이라는 이미지로 많은 이에게 사랑받게 되었다. 특히 글루텐이 들어 있는 음식(대표적으로 밀가루

음식)을 소화하지 못하는 사람들에게 오트밀은 좋은 대안이 되었다.

시리얼cereal은 원래 가공한 곡류를 가리키는 단어인데, 뮤즐리muesli
나 그래놀라granola, 콘플레이크corn flake 등 (넓게는 오트밀도) 아침 식사
용 간편식인 '브랙퍼스트 시리얼breakfast cereal'을 줄여서 부르는 말이기
도 하다.

뮤즐리는 귀리를 비롯한 통곡물과 말린 과일, 견과류 등을 섞은 것으
로, 우유나 요구르트를 부어 먹는다. 알프스 지방에서 전통적으로 먹던
음식을 스위스의 식품영양학자 막시밀리안 오스카어 비르허-베너
Maximilian Oskar Bircher-Benner가 1900년에 처음 영양식으로 개선해 내놓
았다.

그래놀라는 도정하지 않은 통곡물을 뭉쳐서 바삭하게 구워낸 것을
가리킨다. 그래놀라도 뮤즐리처럼 건포도, 건크랜베리 등 말린 과일을
섞은 후 요구르트나 우유를 부어 먹는데, 지금은 이 그래놀라에 견과류
와 건과일 등을 섞고 꿀이나 시럽으로 뭉쳐서 바bar의 형태로 많이 먹
는다. 곡물의 종류, 견과류의 종류, 건과일의 종류를 조합해 다양한 맛을
만들어낼 수 있다. 또한, 손바닥 반만 한 크기여서 휴대가 간편하며, 가격
도 1달러에서부터 아무리 비싸도 5달러를 넘지 않아 부담이 없다. 다시
말해, 그래놀라바가 인기를 끈 것은 소비자들에게 '시간과 장소에 상관없
이 간편하며 자기 스타일대로 음식을 섭취할 수 있다.'는 점이 매력적이
기 때문이다.

그래놀라는 1863년 뉴욕 주 댄스빌에서 제임스 잭슨 박사Dr. James
Caleb Jackson가 처음 만들었다. 댄스빌의 전망 좋은 곳에서 요양원을 운
영하고 있던 잭슨 박사는 여러 곡물을 조합해 하룻밤 물에 푹 담가 썹을

수 있게 만든 '잭슨 시리얼Jackson's Cereal'을 그래눌라Granula라는 이름으로 요양원의 환자들에게 제공했다.

그래눌라와 잭슨 박사는 브랙퍼스트 시리얼의 대명사인 '콘플레이크'를 처음 만든 것으로 유명한 존 하비 켈로그John Harvey Kellogg와 악연으로 얽혀 있다. 켈로그는 1878년에 귀리와 밀, 옥수숫가루로 비스킷을 만들었는데, 이를 비스킷 그래눌라Bisquit Granula라고 불렀다. 이 비스킷이 재빠르게 확산되자 뉴욕에 있던 잭슨 박사는 상표권 소송을 제기했다. 결국 1881년 켈로그는 자신의 비스킷 제품을 그래놀라Granola라는 이름으로 바꿔 판매했으며, 이것이 오늘날 그래놀라의 시초가 되었다.

그래놀라가 본격적으로 확산된 것은 1960년대부터다. 기존의 그래놀라가 곡물만 조합한 것이었다면, 1960년대에 건과일과 견과류를 넣으면서 인기를 끈 것이다. 한 가지 흥미로운 뒷이야기는, 이 건강한 간편식이 히피 문화와 어우러져 미국 젊은이가 즐겨 찾는 음식으로 자리 잡게 되는 장면이다.

1969년 8월 우드스톡 페스티벌이 열리던 당시, 3일간의 행사를 보려고 40만 명 이상의 군중이 전국 각지에서 몰려들었다. 관중들은 행사가 시작되기 전부터 자리를 잡았는데, 누구도 자신이 맡아놓은 자리를 떠나려 하지 않았고, 하루 종일 아무것도 먹지 못한 채 행사를 기다리는 허기짐이 계속되었다. 이때 거대한 군중의 양 옆에서 무엇인가가 전달되었는데, 이것이 바로 컵에 담긴 그래놀라였다.

시곗바늘을 페스티벌 전으로 조금만 돌려보자. 페스티벌 주최 측은 행사를 위해 엄청난 양의 음식을 준비해야 했는데, 아무것도 없는 초원에서 수많은 사람을 먹일 음식을 준비하는 것은 대단히 어려운 일이

었다. 주최 측이 지역에서 유명한 핫도그 회사나 야구장의 메이저 푸드 서비스 회사들과 협의해봤지만, 어느 누구도 이 정도 규모의 행사를 성공적으로 진행해본 경험이 없어서 고민은 커져만 갔다.

주최 측은 하는 수 없이 행사 2주 전 인근의 핫도그 회사인 '푸드포러브Food for Love'와 계약을 맺고 핫도그를 공급하기로 했다. 하지만 행사가 시작되자 '푸드포러브'의 불충분한 준비와 예상치 못한 관객 규모로 인해 준비한 수량은 금세 동이 나버렸으며, 추가로 공급된 핫도그는 당시 25센트였던 가격을 1달러로 올리는 바가지 상술까지 곁들여져 많은 사람이 배고픔에 허덕이게 되었다. 이 지경이 되자 뒤늦게 행사에 참여했던 또 다른 핫도그 업체 '호그팜Hog Farm'이 부랴부랴 인근 마을에서 끌어모아 온 그래놀라를 일회용 플라스틱 컵에 담아 사람들에게 공급했는데, 그제야 사람들은 텐트나 담요에 앉아 그래놀라를 질경질경 씹으며 허기를 달랠 수 있었다.

시리얼 하면 가장 먼저 떠오르는 이미지는 켈로그 호랑이다. 시리얼을 먹지 않더라도 "호랑이 기운이 솟아나요."라는 광고를 모르는 이는 없을 것이다. 이제 시리얼의 보통명사처럼 들리는 '켈로그'는 미국의 식품회사로, 한때 전 세계 시리얼 시장의 40.8퍼센트, 미국 시리얼 시장의 34퍼센트를 차지했다. 존 하비 켈로그의 동생 윌 켈로그Will Kellogg가 설립했다.

최근 들어 켈로그나 포스트로 대표되는 시리얼 제품의 위상에 금이 가기 시작했다. 현대인의 식습관이 변화하면서 시리얼 판매량이 줄어든 것이다. 시리얼 판매량이 감소한 이유에는 크게 두 가지가 꼽힌다. 먼저 시간의 문제다. 아침을 먹을 시간조차 없는 이들에게 그래놀라바 같은 간편함이 더 매력적이었다. 또 한 가지는, 과거와 달리 건강 문제에 민감한 사람들이 늘어났기 때문이다. 사람들이 시리얼에 얼마나 많은 당이 포함되어 있는지 인지하기 시작하면서부터 시리얼 소비량은 급격히 감소했다. 젊은 미국인들 사이에서 시리얼은 부모 세대가 먹던 낡은 음식이 되어버렸다.

2

뉴욕의
언제 어디서나

다양한 입맛을 아우르는
뉴욕의 버거들

번bun(햄버거용 빵) 위에 잘 씻은 상추 몇 장과 얇게 썬 토마토를 올린다. 거기에 그릴에서 구운 두툼한 패티와 슬라이스 치즈 한 장을 얹는다. 물론 케첩과 마요네즈도 뿌린다. 제아무리 요리를 못 하는 사람이라도 주말에 햄버거 하나쯤은 가볍게 만들 수 있다. 그만큼 만들기 쉽고 재료도 구하기 쉬운 음식이다.

뉴욕뿐 아니라 미국의 어느 식료품점, 슈퍼마켓을 가도 토마토와 상추를 비롯한 햄버거 재료는 1년 내내 쉽게 구할 수 있다. 몇 개가 함께 포장된 동그란 햄버거 번, 브랜드별로 살코기와 지방의 함량을 달리해 맛을 차별화한 햄버거 패티들, 슬라이스해놓은 치즈와 베이컨까지, '햄버거를 만든다'는 것은 미국 사람들에게는 일상이고 문화다. 쉽고 간편하게 만들어 먹을 수 있는 데다, 사랑해 마지않는 고기까지 들어간 햄버거는 미국인을 위한 최적의 음식이 아닐 수 없다.

아무리 재력가라도, 교양 있는 사람이라도, 햄버거를 먹을 때만큼은 누구나 도구 없이 두 손을 사용할 수밖에 없다. 이 또한 미국인이 사랑하는 햄버거의 특징인데, 트럼프 전 대통령이 후보 시절 전용기 안에서 포크와 나이프로 햄버거 먹는 사진을 트위터에 올려 많은 이의 반감을 산 적도 있다.

뉴욕에 패스트푸드 햄버거만 있는 건 아니다

잡화점이자 간이식당인 델리마켓에서도, 어디에나 있는 다이너에서도, 햄버거 메뉴 하나는 꼭 갖추고 있다. 금요일 밤부터 토요일 이른 새벽까지 문을 여는 화려한 클럽 앞에도 밤새 밤문화를 즐긴 이들을 위해 작은 햄버거 가게들이 장사를 하고 있을 정도다. 맨해튼 곳곳에서 건물을 짓고 있는 공사장 근처 점심시간에는 푸드카트를 밀고 다니며 아이스박스에 담아둔 직접 만든 햄버거를 파는 할머니들의 모습을 볼 수 있다. 일분일초가 아까운 점심시간, 공사장에서 멀리 가기는 힘들고 음식은 든든하게 먹고 싶

© 정은주

은 인부들의 사정에 맞춰 큼지막한 햄버거를 팔고 있는 할머니의 모습이, 대접이 넘치도록 국수를 담아주는 서울 여느 시장통의 할머니들을 닮았다. 투박하게 둘둘 말아놓은 종이를 펼쳐 햄버거를 씹으며 캔 콜라 하나를 금세 비우는 인부들의 모습은 뉴욕의 흔한 풍경이다.

최근 일명 '햄버거 병'(정식 명칭은 용혈성 요독 증후군)이 여러 차례 문제를 일으켰다. 이는 설익은 버거 패티로 인해 장출혈성 대장균에 감염돼 생긴 합병증을 가리키는 말인데, 충분하게 조리되지 않은 패티뿐만 아니라 살균되지 않은 우유나 오염된 채소를 섭취하면 걸릴 수 있다. 적절한 치료가 이뤄지지 않으면 용혈성 빈혈, 혈소판 감소증 같은 합병증에 시달릴 수 있고, 신장 기능이 크게 망가질 수 있으며, 사망률은 5~10퍼센트에 달한다고 알려져 있다. 저렴한 가격을 유지하려고 신선하지 않은 재료를 혼합해 사용하고, 중심 온도 섭씨 75도(화씨 167도)에서 패티를 충분히 익히지 않을 때 발생할 수 있는 치명적인 병이다.

이 햄버거 병의 진원지로 꼽히는 곳은 대체로 프랜차이즈 햄버거 가게다. 햄버거는 프랜차이즈가 진작에 정착한 요식업 분야인데, 한국에서도 유명한 맥도날드, 버거킹 등이 대표적인 햄버거 프랜차이즈다. 맨해튼에도 당연히 맥도날드와 버거킹 매장이 수백에서 수십 개가 있다. 그러나 뉴욕에서 맛있는 햄버거를 이야기할 때 프랜차이즈 햄버거를 거론하는 사람은 없다. 건강과 유행에 민감한 뉴요커들은 햄버거 하나를 먹더라도 좀 더 트렌디하고 맛있는 곳으로 향하는데, 냉동 패티와 썩지 않는 프렌치프라이로 상징되는 프랜차이즈 햄버거는, 많이 팔리는 것과는 별개로 좋은 평판을 받지 못한다.

그렇다면, 제대로 만든 햄버거는 어떤 것일까? 한국 사람들이 밥을 지을 때 무엇보다 쌀을 신중하게 고르고 다루듯이, 햄버거를 만들 때는 우선 맛있는 번을 고르는 일이 중요하다. 당연하게도 햄버거 번 맛은 그 주재료인 밀에 달렸는데, 미국에서 생산된 질 좋은 밀과 유제품은 빵 맛을 풍성하게 한다. 번 종류도 밀가루에 감자 전분을 적절하게 혼합해 쫀득하게 만든 포테이토 번, 살짝 달콤한 맛이 가미된 브리오슈 번, 빈틈없이 깨가 발린 참깨 번 등이 있어, 거기서 거기일 듯한 햄버거 맛을 좀 더 다양하게 변주해낸다. 한국인의 밥상에서 아무리 맛있는 반찬이 많아도 밥이 맛없으면 안 되듯이, 사소하게 보일 수 있는 빵 맛이 결국 햄버거 맛 전체를 좌우하는 것이다.

그다음은 패티patty다. 저렴하면서도 품질이 괜찮은 미국산 쇠고기는 맛있는 햄버거를 만드는 데 핵심적인 식재료다. 이름깨나 난 햄버거 맛집에서는 일반 쇠고기를 넘어 최고급 부위로 패티를 만드는데, 그 가격 또한 천차만별이다. 갈빗살과 안심으로 살코기와 지방의 비율을 맞춘 노매드 호텔Nomad Hotel 레스토랑(1170 Broadway, Gramercy)의 패티는 햄버거를 최고급 음식으로 승화시켰다. 매장에서 직접 구운 번에 최고급 쇠고기를 쓴 패티, 심지어 케첩과 마요네즈까지 직접 만들어 내놓는 햄버거는 럭셔리의 극치다. 물론 가격 또한 럭셔리해서 이 햄버거 하나가 20달러 정도인데, 보통 5달러 정도인 프랜차이즈 햄버거 가격과 비교하면 그야말로 하늘과 땅 차이다.

햄버거를 먹을 때 빼놓을 수 없는 것이 바로 프렌치프라이다. 프랜차이즈 햄버거 가게에서는 썰어놓은 냉동 감자를 구입해 튀기기만 해서 낸다. 그러나 프랜차이즈라도 파이브 가이즈Five guys에서는 생감자를 구입해 직접 썰어 튀기는 것을 브랜드화할 정도로 프렌치프라이에 공을 들인다. 프렌치프라이는 미국의 아이다호 주산 러셋 종 감자Idaho Russet potatoes로 만들어야 제맛이 난다. 아이다호 러셋 감자의 전분 함량은 바삭한 프렌치프라이를 만들기에 최적화되어 있다는 평가를 받는데, 감자를 튀겼을 때 사람들이 입맛을 다시게 하는 황금빛과 바삭한 정도가 최고라는 것이다.

하지만 모든 사람이 생감자를 바로 튀겨낸 프렌치프라이를 좋아하는 것은 아니다. 역시 프랜차이즈인 쉐이크쉑 버거에서는 초기에 고급 이미지를 주려

© 정은주

고 생감자를 구입해 직접 썰고 튀겼지만, 소비자의 원성만 들은 채 결국 냉동 프렌치프라이로 변경하고 말았다. 생감자를 바로 썰어 튀겨낸 프렌치프라이는 냉동 감자를 튀긴 것보다 시간이 지날수록 눅눅해지는 경향이 있는데, 이 때문인지 많은 햄버거 가게에서는 조리와 보관이 편리한 냉동 프렌치프라이를 선호한다.

프렌치프라이와 더불어 햄버거에 곁들여 먹는 메뉴로 중요한 것이 코울슬로coleslaw다. 양배추를 곱게 채 썰어 마요네즈와 설탕, 식초에 버무려 만드는 코울슬로는 프라이드치킨 같은 튀김 음식 전반에 곁들여지곤 한다. 물론 햄버거를 판매하는 곳이라면 어디에나 소비자가 선택할 수 있도록 항상 준비되어 있다.

한국에서 먹는 햄버거와 다른 점은 피클이다. 한국식 피클이 새콤하면서 단맛이 강한 반면, 미국식 피클은 단맛이 전혀 없이 짭짤하면서도 시큼한 맛이 특징이다. 오이를 소금에 절인 뒤, 향신료를 넣고 팔팔 끓였다 식힌 물에 담가 숙성시킨다. 먹는 방법 또한 다른데, 슬라이스해 햄버거에 끼워 먹는 한국과 달리 전통적인 미국식 햄버거 가게에서는 피클이 사이드 메뉴다. 프렌치프라이 옆에 길게 썬 오이 피클을 덩그러니 내주는 가게도 있고, 햄버거 번 위에 불쑥 올려 내는 가게도 있다.

이 조그마한 피클 한 조각이 햄버거의 느끼함을 조금이나마 중화시켜 약방의 감초 역할을 톡톡히 해낸다. 오래된 가게에서는 직접 피클을 만들기도 하고, 유명한 피클 가게에서 받아다 사용하기도 한다. 뉴욕에서 피클로 유명한 피클 가이스Pickle Guys는 많은 햄버거 가게에 피클을 공급하는데, 신맛이 도드라지는 사워 피클 sour pickle부터 한국의 오이소박이를 연상시키는 매운맛의 핫 사워 피클까지 준비되어 있다.

동부의 쉐이크쉑, 서부의 인앤아웃

미국은 많은 면에서 동부와 서부가 확연히 나뉜다. 식민지 초기 유럽에서 건너온 이들이 정착한 동부와 서부 개척 이후 수많은 이민자가 정착한 서부는 그 역사만큼이나 발달한 산업도, 사람들의 성향이나 문화도 차이를 보인다. 당연히 스타일과 입맛도 다른데, 동부 사람들이 조금 더 권위를 지키며 신경 써서 먹는다. 《미슐랭 가이드》가 미국에서 뉴욕을 가장 먼저 평가해 별점을 준 것에서 알 수 있듯이, 조금 더 정교한fine 다이닝이 뉴욕의 입맛을 대변한다. 반면, 서부 사람들은 자유스럽고 편안하며 투박한 음식을 즐긴다.

메이저리그 야구에서 동부의 뉴욕 양키스와 서부의 LA 다저스가 경기를 하는 날이면 다른 경기보다 훨씬 더 많은 주목을 받는다. 그런데 뉴욕 양키스와 LA 다저스의 경기에서 맞붙는 것은 선수들만이 아니다. 뉴욕의 양키 스타디움에서는 많은 사람들이 쉐이크쉑Shakeshack 버거를 먹으며 양키스 선수들을 응원하며, 서부에서는 인앤아웃In-N-Out 버거를 먹으며 다저스 선수들을 응원하는 흥미로운 광경이 펼쳐진다.

1948년 캘리포니아의 볼드윈 파크에서 처음 문을 연 인앤아웃 버거는 소박하지만 정겨운 맛이 특징이다. 거기다 1970~80년대의 서부로 돌아간 듯한 컨트리풍의 인테리어와 저렴한 가격으로 승부하는 곳이다. 현재도 4~5달러의 가격으로 판매하는데, 잘 만든 햄버거를 프랜차이즈 햄버거 가격으로 맛볼 수 있다는 건 참 다행이다. 독특하게도 서부 지역 밖으로는 확장하지 않는다는 원칙을 갖고 있다.

반면, 이미 한국에도 지점을 다수 낸 쉐이크쉑 버거는 뉴욕을 방문하는 여행객들이 한 번은 먹어보는 음식이다. 쉐이크쉑 버거를 먹고 난 사람들의 반응은 극단적으로 나뉘는데, 어떤 이는 너무 맛있다며 여행 기간 중에 여러 번 먹기도 하며, 어떤 이는 너무 짜고 너무 비싸다고 투덜거린다. 쉐이크쉑 버거의 가격은 10달러 내외로, 프랜차이즈 햄버거치고는 비싼 편이다. 하지만 맨해튼의 살인적인 물가를 고려해야 한다. 맨해튼에서 외식으로 한 끼를 해결하려면 최소 15달러 내외가 든다. 편의점에서 미리 만들어놓은 샌드위치를 사 먹는다 해도 5~10달러가 필요하다. 햄버거, 피자, 샌드위치 가게에서 끼니를 해결하려 해도 결코 싸지 않다. 스트리트 푸드 벤더들이 판매하는 일반적인 단품도 10달러 정도이며 음료까지 마시면 10달러를 훌쩍 넘는다. 이런 물가에 비춰볼 때 쉐

이크쉑 버거가 아주 비싼 건 아니라는 얘기다. 또한, 그 맛과 품질은 일반 프랜차이즈 햄버거와는 차원이 다르다.

쉐이크쉑 버거는 맨해튼 레스토랑 업계의 대부 대니얼 마이어Daniel Meyer의 유니언스퀘어 호스피탈리티 그룹Union Square Hospitality Group(뉴욕의 유명 레스토랑, 카페, 바 등을 운영하는 외식 기업) 소속 최고의 요리사들이 만들어낸 햄버거다. 맨해튼에서 가장 영향력 있는 외식 기업이 대단히 정교하게 맛과 이미지를 브랜딩한 작품인 것이다. 쫄깃한 빵, 그리들(플랫톱 그릴)에서 구운 패티에서 나오는 기름기와 치즈, 그리고 피클을 다져 넣은 마요네즈 소스까지, 대중에게 사랑받을 만한 맛의 균형을 찾은 듯하다. 또한, 사용하는 밀과 달걀, 고기 모두 유기농에 비유전자변형Non-GMO 식재료를 사용해 고객들에게 맛뿐만 아니라 건강에서도 신뢰감을 준다. 한편, 쉐이크쉑 버거에서 파트타임으로 일하는 직원들은 다른 프랜차이즈에 비해 2~3달러 이상 높은 시급을 받는데, 이 역시 직원들에게 동기부여를 하는 동시에 쉐이크쉑 버거의 브랜드 이미지를 높이는 데 한몫한다.

다양한 패티의 천국

다양한 민족이 모여 사는 뉴욕에서는 '햄버거'와 '버거'를 구분해서 쓴다. 햄버거 패티의 재료가 다양해진 탓인데, 100퍼센트 쇠고기만 사용한 것을 햄버거hamburger, 다른 고기를 섞거나 고기를 전혀 쓰지 않은 것을 버거burger라고 구분하는 것이다. 미국의 수제 버거 가게에서 햄버거를 주문하면 "버거를 어떻게 구워줄까요 How do you like your burger cooked?"라고 묻는 경우가 있는데, 이때의 버거는 100퍼센트 쇠고기로 만든 패티를 사용한 것이라고 이해하면 된다. 쇠고기 외에 조금이라도 다른 고기가 섞였다면 패티를 완전하게 익혀서 내는 것이 원칙이기 때문이다.

종교적인 이유로 쇠고기를 먹지 못하는 사람들은 물론, 꽤 많은 수의 채식주의자가 있기에 뉴욕에서는 다양한 패티를 쓰는 수많은 버거가 팔린다. 2014년 미국의 동물보호단체인 PETA는 뉴욕을 '채식주의자가 살기 가장 좋은 도시Most Vegan-Friendly City'로 선정하며, 채식주의자가 음식을 선택하기에 편리한 도시라고 했다. 2019년 기준 미국 내 채식주의자의 수는 970만 명으로 추정되는데(글로벌 마켓 리서치), 그런 만큼 뉴욕 어느 식당을 가도 채식주의 메뉴 하나씩은 준비해두고 있으며 햄버거 가게도 마찬가지다. 대체육 제조 기업인 임파서블 푸즈Impossible Foods가 2016년 버거킹과 함께 선보인 임파서블 버거는 고기가 들어가지 않은 버거로 인기를 끌었다. 과거 채식 버거를 옹호한 논리는 동물보호, 환경오염 방지와 그로 인한 사회비용의 절감이었다. 하지만 이제는 고기로 만든 패티와 비교해도 손색없을 뿐만 아니라 그 맛이 일품이라, 하나의 트렌드로 자리 잡고 있다.

최근 각광받는 뉴욕의 채식주의 버거로는 슈피리오리티 버거
Superiority Burger가 꼽힌다. 맨해튼 남동부의 이스트 빌리지East
Village에 있는 슈피리오리티 버거를 두고 사람들은 '미디엄 패스
트푸드'라고 부르는데, 대체육 패티의 맛과 향이 진짜 고기와 똑
같다는 입소문을 타고 항상 길게 줄이 늘어서 있다. 고기 패티
맛에 질린 사람들, 특히 다이어트에 민감한 여성들이 채식주의
버거에 열광한다. 깔끔하고 담백한 맛에 칼로리가 낮은 것은 당
연지사! 고기에 비해 부담감도 덜하고 소화도 잘돼 매력적인 아
이템으로 급부상 중이다.

먹어보자, 뉴욕의 버거!

뉴욕의 거리를 걷다보면 'falafel팔라펠'이라는 글자를 쉽게 볼 수
있는데, 팔라펠은 병아리콩chick pea이나 누에콩favabean을 갈고 마
늘, 파슬리, 커민, 코리앤더(고수 씨앗), 실란트로(고수 잎) 등을 넣고
반죽해 둥글게 튀긴 음식이다. 팔라펠은 식물성 기름으로 튀겨야
하는데, 먹어도 되는 고기가 까다롭게 제한되는 이슬람 문화권에
서 부담 없이 선택할 수 있는 인스턴트 음식이다. 이 팔라펠을 즐
기는 뉴욕의 무슬림들은 채식주의 버거에도 열광하고 있다. 소호
Soho에 있는 할랄 레스토랑 비앤비B&B에서는 팔라펠로 패티를 만
든 버거로 많은 무슬림의 큰 호응을 얻고 있는데, 바삭한 식감과

담백한 맛이 매력적이다.

뉴요커들이 열광하는 수제 햄버거의 특징은 육즙 가득한 패티다. 쇠고기 안심과 등심을 적절하게 사용하여 만든 패티는 육즙뿐 아니라 씹는 맛 또한 일품이다. 1887년에 문을 연, 뉴욕의 유명한 스테이크 전문점인 피터 루거 스테이크하우스Peter Luger Steakhouse에서는 스테이크에 쓸 법한 최고의 부위만 사용한 패티를 끼운 햄버거 메뉴가 있는데, 스테이크보다 더 맛있다는 평가도 있다(오후 4시까지만 판매한다). 여기에 큼지막한 프렌치프라이를 곁들이면, "이게 미국의 맛이구나!"라는 감탄사가 절로 나온다.

뉴욕 햄버거는 콜라 같은 탄산음료와 잘 어울리지만, 맥주와도 궁합이 좋다. 뉴욕 주의 마이크로 브루어리에서 생산한 쌉싸름한 맛의 인디언 페일 에일IPA을 마실 때 햄버거를 곁들이면 금상첨화다. 맥주를 마시며 햄버거를 안주로 먹으려면 블랙 아이언 버거Black Iron Burger로 향하면 된다. 자연 방목에, 항생제와 호르몬을 쓰지 않고 키운 쇠고기를 사용해 패티를 만드는 것으로도 유명한 이곳은, 맛있는 로컬 맥주와의 궁합으로 맨해튼에서 뜨고 있는 햄버거 가게다.

햄버거 본연의 맛을 느끼고 싶다면, 톰슨 센트럴 파크 호텔Thompson Central Park Hotel 지하에 있는 버거 조인트Burger Joint가 제격이다. 이곳이 햄버거 가게인지 알려주는 것은 햄버거 모양의 조그마한 네온사인이 전부지만, 가게 문을 열기 전부터 길게 늘어선 줄만 봐도 맛집의 포스를 느낄 수 있다. 마치 남대문시장의 갈치조림 맛집을 연상케 하는 10평 내외의 작은 공간에 이렇게 많은 사람들이 찾아올까 싶은데, 햄버거를 한 입 베어 무는 순간 그런 생각은 모두 사라진다. 다른 햄버거와 비교해 특별하거나 특이

ⓒ 정은주

한 점을 찾을 수 없는 것이 버거 조인트의 매력이라고 말하는 사람들이 많은데, 거꾸로 생각하면 햄버거가 가진 매력을 고스란히 가지고 있다는 뜻이겠다.

비앤비B&B
주소 165 W 26th St, New York, NY 10001
전화 646-429-8174
영업시간 10:00~16:00

피터 루거 스테이크하우스Peter Luger Steakhouse
주소 178 Broadway, Brooklyn, NY 11211
전화 718-387-7400
영업시간 11:45~21:15

블랙 아이언 버거Black Iron Burger
주소 245 W 38th St, New York, NY 10018
전화 646-476-3116
영업시간 월-금 11:30-22:30, 토-일 11:30~22:00

버거 조인트Burger Joint
주소 119 W 56th St, New York, NY 10019
전화 212-708-7414
영업시간 11:00~23:00

서브웨이부터 델리마켓까지,
맛부터 든든함까지

맨해튼 거리를 걷다 Subway라는 단어를 봤을 때 '샌드위치 가게'라고 생각하면 뉴요커고 '지하철'이라고 생각하면 관광객이라는 우스갯소리가 있을 정도로, 뉴욕에는 서브웨이를 비롯해 수많은 샌드위치 가게가 있다. 실제로 뉴욕 지하철역의 개수는 472개이고 서브웨이 샌드위치 매장은 300여 개인데, 특히 맨해튼에 밀집해 있다. 빵을 주식으로 하는 미국인에게 샌드위치는 떼려야 뗄수 없는 음식이다. 미국에서는 어느 시골 마을을 여행하더라도 주유소와 샌드위치 가게는 꼭 찾아볼 수 있다. 그만큼 샌드위치에 대한 미국인의 호감은 크다.

아침을 베이글로 시작한 뉴요커들은 점심에는 자신만의 샌드위치를 즐기기에 여념이 없는데, 하루가 다르게 생겨나는 트렌디한 샌드위치 가게들 역시 더 새롭고 더 맛있는 샌드위치를 만들어낸다. 이제는 포화상태라 그만 생겨도 될 것 같지만, 한국에서 여전히 치킨집들이 생겨나듯 맨해튼에서는 새로운 샌드위치 가게가 생겨났다 사라지기를 반복하고 있다.

샌드위치는 정확히 어떤 음식일까? 한국에서는 빵 사이에 차가운 내용물을 끼워 먹는 것만을 샌드위치라고 부르지만, 미국에서는 빵 사이에 식재료를 넣어 먹는 모든 것을 샌드위치라고 부른다. 차가운 식재료는 물론 뜨거운 패티까지 그 수나 종류가 헤아릴 수 없이 많고, '이게 햄버거야, 샌드위치야?' 헷갈릴 정도로 애매한 샌드위치도 종종 만나게 된다. 엄청난 덩치를 자랑하는 미국인들에게 샌드위치는 고기와 채소를 꽉꽉 채운 묵직한 음식인 것이다.

샌드위치에도 종류가 있다!

음식 이름은 대부분 주재료, 조리 방법이 드러나도록 붙여지는 경우가 많다. 샌드위치는 조리 방법이랄 게 없기 때문에 주재료가 무엇이냐에 따라 햄&에그 샌드위치, 로스트비프 샌드위치 같은 이름이 붙곤 한다. 그렇지만 잘 살펴보면 샌드위치 빵으로 무엇을 쓰느냐, 주재료로 무엇을 조합하느냐에 따라 샌드위치의 '스타일'이 나뉘고, 그에 따른 이름도 있다.

델리마켓 혹은 샌드위치 전문점에서 샌드위치를 주문하면 대부분 어른 팔뚝만큼 거대한 크기의 샌드위치를 받아 들게 되는데, 이 커다란 샌드위치를 '서브마린submarine 스타일 샌드위치'라고 부른다. 길쭉한 샌드위치 모양이 잠수함 선체를 닮아 붙은 이름으로, 12인치(약 30cm) 길이의 폭신한 식감을 가진 이탈리안 빵Italian loaf에 햄과 딱딱한 살라미salami, 치즈, 상추, 토마토, 양파를 끼우고 오레가노와 다진 마늘을 얹는다.

이 샌드위치는 1800년대 미국 동부 지역으로 이민 온 이탈리아인들에 의해 그 맛과 레시피가 전해졌다. 동부 메인 주의 포틀랜드 지역에서 입소문 난 후 이탈리아인들이 많이 거주했던 코네티컷, 펜실베이니아, 델라웨어, 메릴랜드, 뉴욕, 뉴저지, 로드아일랜드 등 인근 주들로 퍼져나갔다. 세월이 지나면서 빵을 제외한 속재료들은 미국인들이 사랑하는 식재료로 바뀌었고, 미국인들이 가장 사랑하는 샌드위치 중 하나로 자리 잡게 되었다. 또 다른 커다란 샌드위치로는 '히어로hero' '호기hoagie' '그라인더grinder' 등이 있는데 비슷한 듯 조금씩 다르다.

샌드위치 프랜차이즈 '찰리스 필리 치즈스테이크Charleys Philly Cheesesteaks'의 시그니처 메뉴인 '필리 치즈스테이크'는 실제 스테이

크가 아니라 긴 바게트 빵 위에
볶은 고기를 치즈와 함께
올려 먹는 샌드위치
의 이름인데, 이것
의 원래 이름이 바
로 '호기 샌드위치'다.
1953년의《더 필라델피아 불레
턴The Philadelphia Bulletin》기사에 따르면, 호기
샌드위치는 제1차 세계대전 중 전쟁 물자를 나를 수송선을 쉴 새
없이 만들어야 했던 필라델피아 호그 아일랜드Hog Island 조선소의
노동자들이 만들어 먹었다고 한다. 빵 두 쪽, 치즈, 상추, 그리고
여러 육류를 다양한 방식으로 조리해 샌드위치로 만들었던 것을,
처음에는 호그 아일랜드 샌드위치Hog Island Sandwich, 나중에는 이
를 줄여 호기hoggies로 부르다가, 지금의 호기hoagie 샌드위치로 바
뀌었다. 얇게 썬 쇠고기와 채소를 살짝 구운 빵 위에 올린 것인데,
1980년대 후반 불고기 샌드위치와 호기 샌드위치의 맛이 대단히
유사하다는 것에 착안해, 당시 오하이오 대학교 학생이던 한국계
찰리 신Charley Shin이 지금의 찰리스 필리 치즈스테이크를 만들
었다고 한다.

호기 샌드위치가 지역 명물이 되자 이름을 두고 소동이 벌어지
기도 했다. 1992년 펜실베이니아 주 필라델피아의 시장이었던 에

드 렌델Ed Rendell이 필라델피아 공식 샌드위치가 호기라고 선언하자, 펜실베이니아 주 델라웨어카운티의 체스터에서 호기 샌드위치를 처음 만든 곳이 체스터라고 반박한 것이다. 결국 호기 샌드위치는 두 곳 모두의 명물이 되어 현재는 두 지역 어디를 가더라도 쉽게 찾아볼 수 있으며, 펜실베이니아를 넘어 뉴욕-뉴저지 지역에서도 맛볼 수 있는 샌드위치로 자리 잡았다.

그라인더 샌드위치는 미국 동부 뉴잉글랜드 사람들이 많이 먹는 것으로 알려졌는데, 차가운 육류나 치즈를 사용하는 대신 닭가슴살이나 미트볼을 채워 만든 샌드위치를 가리킨다. 펜실베이니아, 뉴욕, 델라웨어 등에서 '뜨거운 서브마린 샌드위치'를 가리킬 때 쓴다. 그라인더grinder라는 이름에 여러 가지 해석이 따르지만, 단단한 빵(바게트 종류)을 여러 차례 씹어야 하기 때문에 붙은 이름이라는 설이 가장 유력하다. 소스가 들어간 재료로 속을 채워야 해서 상대적으로 질기고 딱딱한 질감의 빵을 사용하지 않았을까 짐작해본다.

뉴욕을 가득 채운 프랜차이즈 샌드위치

뉴욕은 샌드위치 프랜차이즈들의 각축장이다. 대표적으로, 샌드위치 하면 여전히 많은 사람들이 떠올리는 '서브웨이'가 있다. 서브웨이에서는 풋롱 샌드위치가 시그니처 메뉴로 자리 잡은 지

오래다. 풋롱footlong은 피트, 즉 성인 남성의 발 크기를 뜻하는 단어인데(1feet=12inch =30.48cm), 성인 발만큼 커다란 샌드위치를 싼 가격으로 먹을 수 있다는 점을 내세워 전 세계적으로 대성공을 거두었다. 하지만 이 기다란 빵이 너무나도 유명해진 나머지, 2013년에는 서브웨이 고객 10명이 풋롱 샌드위치 길이가 12인치보다 짧다고 주장하며 서브웨이를 상대로 소송을 제기했다. 소송 결과, 미국 법원은 샌드위치 길이가 짧음을 인정해 원고들에게 500달러씩의 배상금과 52만 달러의 변호사비를 지불하라는 판결을 내렸다. 이렇듯 서브웨이는 샌드위치의 대명사처럼 여겨지지만, 뉴욕에는 서브웨이만 있는 것이 아니다.

뉴욕에서 샌드위치로 성공한 대표적인 프랜차이즈는 렌위치 Lenwich다. 1983년에 미국으로 건너온 한국인이 1989년 달랑 냉장고 하나 있는 작은 가게로 시작한 렌위치는 현재 맨해튼 내에 14개의 직영점을 운영할 정도로 뉴요커들의 입맛을 사로잡고 있다. 렌위치의 시그니처 샌드위치인 TC는 얇게 썬 칠면조 고기와 콘비프corned beef를 빵 사이에 가득 채워 만들었는데, 그 크기와 맛 때문에 사람들에게 'OMG'(Oh My God!의 약자)라는 애칭도 얻었다.

그릴드치즈 샌드위치를 맛보고 싶다면 뉴욕에 9개의 매장을 운영하고 있는 멜트숍Melt Shop으로 가보자. 이곳의 그릴드치즈 샌드위치는 빵 위에 넉넉하게 치즈를 올리고 메이플 베이컨을 넣은

뒤 누르듯 구워내 만든다. 한 입 베어 무는 순간, 단순하면서도 중독성 있는 맛에 매료될 것이다.

뉴욕의 맛집을 소개하는 한 미식 가이드에서 샌드위치 부문에서 4.7(5.0 만점)의 최고 평점을 받은 앨리도로Alidoro도 주목할 만하다. 소호에 있는 이곳은 10평 내외의 작은 공간에서 이탈리아의 식재료를 넣고 만드는 샌드위치로 유명세를 탔다. 프로슈토(이탈리아식 생햄)와 아르굴라(루콜라), 그리고 모차렐라 치즈를 듬뿍 넣어 만든 샌드위치를 맛보려고 점심시간이면 긴 줄이 생기곤 한다.

아시아의 맛을 가미한 샌드위치도 인기다. 한동안 베트남 샌드위치인 반미bánh mì가 뉴욕의 한복판에서 인기를 끌었는데, 이제는 캄보디아 샌드위치 전문점인 넘팡NumPang의 돌풍이 무섭다. 캄보디아어로 샌드위치를 뜻하는 넘팡은 캄보디아 출신의 라타 초폴리Ratha Chaupoly와 유대인 벤 다이츠Ben Daitz가 2009년에 열었고, 현재는 뉴욕에 6개, 보스턴에 1개 지점이 있을 만큼 인기가 높다. 부드럽게 익힌 돼지고기와 캄보디아식으로 절인 채소 피클을 부드러운 빵 위에 올려 캄보디아의 맛을 담아낸 넘팡이 현재는 맨해튼의 핫한 샌드위치 플레이스로 자리 잡고 있다.

이외에도, 1964년 뉴저지에서 탄생해 뉴욕을 거쳐 현재는 미국 전역에 150여 개의 체인점을 가진 차가운 샌드위치 전문점 블림피Blimpie, 1991년 오하이오 대학교 학생이었던 한인 2세가 창업해 미국 및 17개 국에 650여 개의 체인점을 가진 브랜드로 성장한 핫 샌드위치 전문점 찰리스 필리 치즈스테이크(찰리스 그릴드 서브 Charley's Grilled Subs의 현재 이름), 중동에서 온 사람들을 겨냥해 빵과 속 재료를 이슬람 식재료로 채워 만든 샌드위치 전문점 피타 핏 Pita Pit, 주문하면 그 자리에서 따뜻한 샌드위치를 만들어주는 포트벨리Potbelly 등 다양한 샌드위치 프랜차이즈가 맨해튼에서 성업 중이다.

그렇지만, 뉴욕 샌드위치의 진가를 맛보려면 프랜차이즈보다는 맨해튼의 역사를 함께한 델리마켓으로 가야 한다.

진짜 뉴욕 샌드위치는 델리마켓에

맨해튼 거리를 걷다보면 한 블록에 하나씩은 꼭 눈에 띄는 것이 델리마켓deli market이다. 뉴요커들은 간단하게 '델리'라고 부르는데, 음식을 파는 편의점 정도로 이해하면 된다(직장인들과 여행자들에게 필요한 생필품들도 대부분 구비되어 있어 편리하게 이용할 수 있다). "뉴욕은 델리 위에 지어졌다New York City was built on the Deli."는 말이 있다. 이민자의 도시 뉴욕을 먹여 살리는 델리마켓답게, 유대인이든 이탈리아인이든 아시안이든, 모든 뉴요커가 먹을 수 있는 식재료와 음식을 판매하기 때문이다.

원래 델리deli(혹은 델리카트슨delicatessen)는 1700년대 독일에서 생

긴 말로, 외국의 독특한 음식들을 판매하는 가게를 가리켰다고 한다. 1800년대 중후반 유럽의 이민자들과 함께 미국으로 건너온 델리는 이내 뉴욕에서 인기를 얻게 됐다. 이후 뉴욕의 델리마켓은 1920~30년대 맨해튼의 성장과 함께했으며, 이제 뉴욕의 식문화에서 빼놓을 수 없는 축을 이루고 있다.

아침에는 각종 오믈렛과 스크램블드 에그, 홈프라이 등 전형적인 아침 식사 메뉴가, 점심시간에는 파스타부터 구운 연어, 프라이드치킨, 쇠고기 볶음, 볶음밥, 각종 샐러드까지, 국적에 상관없

이 누구나 즐길 수 있도록 다양한 메뉴가 구성되어 있다. 이렇게 뷔페식으로 음식을 준비해놓은 델리마켓에서 고객들은 일회용 용기에 원하는 음식을 담아 무게 단위로 값을 치르는데, 이는 바쁜 직장인들이 좀 더 빠르고 간편하게 음식을 구입하고 결제하도록 하는 방법일 것이다.

여기서도 미국인들의 샌드위치 사랑을 엿볼 수 있는데, 델리의 꽃이라 불리는 '샌드위치 섹션'은 따로 분리해 운영되기 때문이다. 패스트라미 샌드위치에서부터 서브마린 샌드위치, 다양한 아시아 식재료가 들어간 퓨전 샌드위치까지, 오롯이 샌드위치를 맛보기 위해 델리를 찾는 사람도 많다.

델리마켓의 샌드위치 메뉴판을 보고 있으면 다양한 종류의 빵과 드레싱, 여러 종류의 고기, 여기에 복잡한 치즈 종류까지, 한참을 보고 있어도 고르기 어려울 정도다. 하지만 현지인들은 신기하게도 척척 주문한다. 화이트 또는 호밀 등 빵을 먼저 고른 다음 샌드위치에 들어갈 고기와 치즈를 선택한다. 대부분 직접 로스트한 칠면조 고기나 닭 가슴살, 햄들이 준비되어 있으며, 채식주의자들을 위한 구운 채소나 두부도 메뉴에 마련되어 있다. 고기를 선택하면 그 자리에서 커다란 고기 덩어리를 슥슥 썰어서 빵에 올려주며, 여기에 원하는 종류의 치즈를 얹는다. 뉴욕에서는 샌드위치나 햄버거에 올려 먹는 치즈로 체더cheddar, 아메리칸American, 페퍼잭pepperjack, 스위스Swiss, 프로볼로네Provolone 등을 주로 고르는데,

페퍼잭에는 매운 고추가 들어 있고, 스위스 치즈와 프로볼로네 치즈는 짭짤하지 않은 담백한 맛을 낸다. 그런 다음 미국인들이 좋아하는 어린 채소 모둠, 아르굴라, 로메인 등 채소를 고르고, 마지막으로 드레싱을 고르면 주문이 완성된다. 마치 한국인들이 순두부찌개를 주문할 때 해물이나 돼지고기 중 한 가지를 선택하고 매운맛을 조절하는 것처럼, 미국 사람들도 샌드위치를 주문하면서 자신이 좋아하는 맛들을 조합하는 것이다.

호밀빵과 이탈리안 브레드, 닭고기와 칠면조 고기, 아르굴라와 로메인의 맛이나 식감에서 나타나는 미묘한 차이, 여기에 비슷비슷한 것 같지만 모양도 맛도 다른 치즈까지, 자신만의 맛을 찾는 뉴요커들을 보는 건 언제나 흥미롭다.

먹어보자, 뉴욕의 샌드위치!

뉴욕의 샌드위치를 이야기할 때, 누구도 카츠 델리Katz's Delicatessen의 패스트라미pastrami 샌드위치를 첫 손에 꼽는 걸 주저하지 않는다. 패스트라미는 커다란 고기 덩어리를 구운 뒤 얇게 저민 것을 가리키는데, 1888년 아이슬란드에서 건너온 카츠 형제가 자신들이 운영하던 델리에서 이것을 빵에 끼워 팔았다. 이 샌드위치맛에 열광했던 뉴요커들 때문에 카츠 델리에서는 오로지 패스트라미 샌드위치만을 주 종목으로 판매하기 시작했다. 겉보기에는

'이게 무슨 맛이 있을까?' 하는 생각이 들 정도로 투박한 모양이지만, 잘 구운 뒤 얇게 썬 쇠고기에 홀그레인 머스터드소스를 바른 이 거대한 샌드위치는 뉴욕의 거의 모든 델리마켓에 '패스트라미 샌드위치'라는 메뉴를 올리게 했다.

카츠 델리 Katz's Delicatessen
주소 E Houston St. New York, NY 10002
전화 212-254-2246
영업시간 월-금 08:00~23:00, 토 24시간, 일 00:00~23:00

언제 어디서나
감자를 사랑하는 미국인

미국인의 식단에서 결코 빼놓을 수 없는 식재료가 감자다. 감자는 햄버거, 핫도그, 프라이드치킨에 곁들여 먹고, 심지어는 스테이크에도 함께 낼 정도로 미국인의 식탁에서 빠질 때가 거의 없다. 미국 농무부USDA 농업경제리서치서비스 부서의 전문가 지닌 벤틀리 Jeanine Bentley는 "미국인은 오롯이 특정한 두 가지의 채소를 먹는 것에 열광한다."라고 했는데, 채소를 많이 섭취하지 않는 미국인들이 유일하게 사랑하는 채소 두 가지가 바로 감자와 토마토다. 최근 미국 농무부 통계를 봐도 전체 채소 섭취량의 30퍼센트를 감자(토마토가 22퍼센트로 2위다)가 차지할 정도로 많이 사용되는 식재료다. 미국인은 1인당 연간 60킬로그램에 육박할 정도의 많은 양의 감자를 섭취하는데, 생감자의 소비가 25퍼센트인 반면, 포테이토칩은 11퍼센트, 프렌치프라이를 위한 냉동 감자는 35퍼센트를 차지한다.

언제나, 어디에나 있는 프렌치프라이

프렌치프라이는 3대 대통령인 토마스 제퍼슨을 통해 미국에 알려졌다고 한다. 그가 프랑스 주재 공사로 일할 때 '생감자를 잘게 잘라 튀긴 요리'(당시 프랑스에서는 고급 요리였다)를 접한 뒤 자신의 노예에게 다양한 레시피를 익히도록 했고, 그것이 후대에 전해졌다는 것이다. 당시에는 지금의 프렌치프라이와 모양이 많이 달랐고, 이름도 1920년대 후반까지는 'french fried potatoes'로 알려져 있었다. 이것이 french friends로 줄었다가 french fries가 됐고, 1960년대부터는 그냥 fries라고 부르게 됐다.

미국에서 프렌치프라이가 널리 사랑받게 된 데는 맥도날드, 버거킹과 같은 패스트푸드 산업이 중요한 역할을 했다. 간편한 조리법과 편리한 보관을 이유로 거의 모든 패스트푸드 회사에서는 프렌치프라이를 메뉴에 넣었다. 앞서 언급했듯이 대부분의 감자는 포테이토칩과 프렌치프라이로 소비되는데, 이는 뉴욕에서 미국 음식점의 메뉴를 보면 쉽게 이해가 된다. 메인 메뉴 옆의 허전한 빈자리를 풍성하게 만들어주는 것이 바로 바삭하게 튀겨놓은 프렌치프라이다.

햄버거 프랜차이즈로 유명한 '파이브 가이즈'에서는 프렌치프라이가 오히려 햄버거보다 유명해져 성장 동력이 되었는데, 아이다호 주에서 가져온 감자를 각 매장에서 직접 썰고 튀겨서 고객들에게 내주는 것으로 많은 사랑을 받고 있다. 맥도날드의 영향으로, 많은 사람들이 프렌치프라이 하면 얇고 긴 모양의 감자튀김을 생각하지만, 본디 프렌치프라이는 감자를 바토네batonnet($\frac{1}{4}$inch× $\frac{1}{4}$inch×2inch=6mm×6mm×5cm) 모양으로 굵직하게 썰어 기름에 튀긴 것을 가리킨다.

미국에서 유통되는 프렌치프라이용 감자는 아이다호 주에서 생산되는데, 미국 북서부에 위치한 아이다호 주는 전체 면적이 21만 7,000제곱킬로미터 정도로 한반도 전체 면적보다 조금 크다. 대부분은 산지나 고원으로 이루어져 있어 사람이 살기에는 적합하지 않은데, 이런 척박한 곳에서 재배할 수 있는 최고의 작물이 바로 감자다. 미국 감자 생산량의 3분의 1을 아이다호 주에서 책임지고 있다.

한국의 감자 모양은 보통 주먹만 한 크기에 동그란 반면, 아이다호의 감자는 더 크고 길죽한 것이 특징이다. 찰기가 넘쳐 쪄서 먹어도 맛있는 한국 감자에 비해, 아이다호에서 나는 러셋 감자는 퍼석퍼석하고 쉽게 부서지기 때문에 튀김에 적당한데, 튀긴 감자는 속은 부드럽고 겉은 바삭바삭하다.

끝이 보이지 않을 만큼 넓은 감자밭은 그 규모부터 압도적이다.

© Mike Mozart(Wikimedia Commons)

미국 대부분의 농업 분야가 그러하듯, 이곳의 감자 농장 또한 모든 것이 기계화·자동화되어 있다. 이곳에서 대를 이어 감자를 생산·가공하는 심플로트Simplot는 맥도날드의 프렌치프라이용 감자를 전량 책임지는데, 이곳의 창업주인 J. R. 심플로트는 감자 하나만으로 미국에서 억만장자가 된 입지전적인 인물이다.

뉴욕 주 출신의 포테이토칩

뉴욕으로 출장 온 영국인이 식당에 들어가서 칩chip을 달라고 주문했는데 포테이토칩을 받고는 당황했다는 이야기를 지금도 듣곤 한다. 영국에서 칩이 프렌치프라이를 뜻하는 것과 달리, 미국의 식당에서 칩은 보통 감자를 얇게 썰어 튀겨놓은 '포테이토칩'을 가리킨다. 포테이토칩은 주로 완성품으로 제조되어 판매되는데, 일부 레스토랑에서는 직접 감자를 슬라이스한 뒤 주문을 받으면 튀겨낸다.

영국에서는 크리스프crisp라 불리고 미국에서는 포테이토칩이라 불리는 음식은 오래전부터 먹었는데, 1817년에 발간되어 미국과 영국에서 베스트셀러가 된 윌리엄 키치너William Kitchiner의《쿡스 오라클The Cook's Oracle》에 레시피도 기록돼 있다. 1822년 개정판에는 "슬라이스하거나 깎아낸 감자를 튀겼다Potatoes fried in slices or shavings."라고 표현했는데, 동그란 지금의 포테이토칩과는 달리 길쭉

한 모양이었다. 우리가 포테이토칩 하면 떠올리는 얇은 포테이토칩은 뉴욕 주 동쪽의 온천 마을인 새러토가 스프링스Saratoga Springs에서 시작되었다. 1850년대, 조지 크럼George Crum은 새러토가 스프링스에서 작은 레스토랑 '문스 레이크 하우스Moon's Lake House'를 운영하고 있었다. 어느 날 한 손님이 식사 도중 프렌치프라이가 두껍다고 여러 번 불평을 하자, 화가 난 크럼은 할 수 있는 한 얇게 감자를 썬 뒤 튀겨서 다량의 소금을 뿌려 내주었다. 손님을 골탕 먹이려고 포크로는 집을 수도 없게끔 얇고 바삭하며 짠맛이 강한 감자 요리를 만든 것에 내심 흐뭇해하던 그는, 손님이 너무나도 맛있게 그 요리를 먹자 놀라게 된다. 이후 크럼은 이 요리를 새러토가 칩스Saratoga chips라는 메뉴로 판매하기 시작했으며, 곧 새러토가 스프링스의 다른 레스토랑들에서도 따라 만드는 명물이 되었다.

새러토가 스프링스는 미국 동부에서 유일하게 온천이 나오는 지역이어서 1년 내내 관광객들로 북적였기에, 이미 이 지역의 명물이 된 포테이토칩의 인기는 삽시간에 동부 전역으로 퍼져나갔다. 그러면서 레스토랑에서 요리사가 해주는 음식이던 것이, 공장에서 생산해 집에서 즐기는 음식으로 발전하기 시작했다. 미국에서 가장 오래된 포테이토칩 회사로 알려진 오하이오 주의 마이크셀스 포테이토칩Mikesell's Potato Chip과 뉴잉글랜드 지역을 기반으로 하는 트라이섬 포테이토칩스Tri-Sum Potato Chips가 초기 대량 생산의 견인차 역할을 했다. 기름이 배지 않는 종이봉지에 포테이토칩과 소금을 넣고 밀봉한 상품은 대히트를 쳤고, 기술력의 발전과 함께 소금이 첨가되지 않은 제품, 다양한 맛을 첨가한 제품 등이 출시되면서 더욱 고객들의 입맛을 사로잡았다. 슈퍼마켓에서는 미국인들의 커다란 덩치에 어울리는 넉넉한 봉투에 담겨 있는 15온스(약 425g)짜리부터 몇 번 집으면 금세 사라질 것 같은 1.5온스(약 43g)의 작은 양까지, 다양한 크기의 포테이토칩이 판매되고 있다.

먹어보자, 뉴욕의 포테이토칩과 프렌치프라이!

정통 포테이토칩을 맛보려면, 뉴욕 안에서가 아니라 맨해튼에서 북쪽으로 세 시간 정도 거리에 있는 새러토가 스프링스로 가

야 한다. 마을에 들어서면 큼직하게 쓰여 있는 '새러토가 칩스' 표
지판들이 눈길을 끈다.

  뉴욕 안에서 포테이토칩을 맛보려면 네 곳의 레스토랑을 운영
중인 '더 스미스The Smith'에 가보자. 블루치즈 퐁듀를 곁들인 포테
이토칩을 즐길 수 있다. 얇게 튀겨낸 포테이토칩을 블루치즈와 랜
치ranch 드레싱(버터밀크나 사워크림에 소금, 마늘, 샬롯, 허브와 향신료
를 혼합해 만드는 드레싱)을 섞어 만든 소스에 찍어 먹는 맛이 참으
로 미국답다.

제대로 만든 프렌치프라이를 맛보고 싶다면, 감자를 두툼하게 썰어 튀긴 '폼므 프리트Pommes Frites'는 어떨까? 작은 공간에서 오로지 프렌치프라이 하나만 판매하는 이곳에서는, 다른 곳과는 달리 두툼한 사이즈의 프렌치프라이를 만날 수 있다. 미국 사람들이 좋아하는 케첩이 아닌 유럽식으로 마요네즈를 찍어 먹는 것도 색다른 맛을 보여준다.

더 스미스 The Smith
주소 956 2nd Ave, New York, NY 10022
전화번호 212-644-2700
영업시간 월-금 08:~23:00, 토-일 09:00~23:00

폼므 프리트 Pommes Frites
주소 128 MacDougal St. New York, NY 10012
전화 212-674-1234
영업시간 월-수, 일 11:00~00:00, 목 11:00~01:00, 금-토 11:00~02:00

3

뉴욕 속
글로벌

뉴욕에 가면
뉴욕식 피자를 즐겨라!

미국에서 밤늦은 시간에 출출해지면, 그리고 집에서 무언가 해 먹을 재료도 의지도 없다면, 확실한 대안은 피자다. 배달을 통해 먹을 수 있는 거의 유일한 음식이 피자이기 때문이다. 최근 들어 우버 이츠Uber Eats, 옐프Yelp 등을 통해 음식 배달 산업이 조금씩 커지는 분위기지만, 미국 사람들이 전통적으로 배달 음식이라고 생각하는 것은 피자다.

금요일 저녁 학생들이 맥주 파티를 벌이다 출출해질 때, 직장 동료들과 회의를 하며 간단하게 끼니를 때울 때, 또는 많은 사람이 모이는 장소에 음식이 필요할 때면 언제든 따끈따끈하게 구워진 커다란 피자가 든 박스를 받을 수 있다. 한국에서야 배달 음식을 받을 때 팁을 주는 경우가 없지만, 미국에서는 배달원에게 일정 액수의 팁을 주는 것이 상식이다. 보통 2~5달러를 주는데, 손님들도 팁에 관해서는 호의적인 편이다.

미국의 피자 하면, 과거 만화로 인기를 끌었던 닌자 거북이들이 좋아하던 피자가 떠오른다. 두툼한 빵 위에 치즈를 잔뜩 얹고 그 위에 여러 가지 토핑을 올린 큼지막한 피자. 하지만 이는 미국식 프랜차이즈 피자의 일면일 뿐이다. 미국에서는 지역마다 다양한 스타일의 피자가 있는데, 그 맛과 모양이 각기 다르기 때문에 어느 한 곳의 피자가 미국을 대표한다고 할 수는 없다. 특히 프랜차이즈 업체에서 만들어내는 피자를 뉴욕의 피자라고 부르기에는, 맨해튼에는 맛있는 피자집이 너무나도 많다.

뉴욕 피자의 시작

맨해튼에 정착한 이탈리아 남부 이민자들에 의해 자연스럽게 소개되기 시작한 피자는 이들의 향수를 달래준 음식이었을 뿐 아니라 생계수단이기도 했다. 여느 이민자들이 그러하듯, 초기 이탈리아 이민자들 또한 식료품점이나 음식점을 운영하는 사람이 많았는데, 그중 다수가 피자를 판매했다. 그중에서도 시칠리아 출신

의 제나로 롬바르디Gennaro Lombardi는 뉴욕에 처음 피자를 소개한 사람으로 유명하다(다른 의견도 있지만 어쨌든 미국 피자의 초창기에 가장 유명한 인물이었다).

1897년에 미국으로 이민 와서 식료품점을 운영하던 롬바르디는 가게 한 모퉁이에서 피자를 만들어 팔았는데, 당시 제대로 피자를 만드는 가게가 없었던 탓에 이탈리아 이민자들이 자주 찾는 명소가 됐다. 어쩔 수 없이 가게를 조금 확장해 테이블을 놓고 운영하다, 결국 1905년 현재의 차이나타운과 리틀 이탈리Little Italy 근처인 스프링 스트리트Spring Street에 롬바르디스Lombardi's라는 상호로 피자 가게를 열었다. 뉴욕에서 피자를 처음 선보였던 1세대 가게답게, 많은 직원이 롬바르디스를 거쳐 갔는데, 그들이 맨해튼에서 또 다른 피자 가게들을 열면서 뉴욕 피자의 독특한 맛을 이어가고 있다.

롬바르디스에서 1900년대 초에 선보였던 피자는 이탈리아 남부식 피자 맛을 고스란히 담았다고 한다. 특히, 피자의 원조라고 불리는 나폴리 피자를 구현했다. 나폴리 피자는 얇은 도dough에 토마토소스를 올린 뒤 모차렐라 치즈를 듬뿍 얹어 구워내는데, 지금도 맨해튼에서 정통 나폴리 피자를 파는 곳에서는 'Neapolitan'이라는 표시를 하고 있다.

나폴리 피자를 만드는 기준에서 가장 중요한 포인트가 몇 가지 있다. 반드시 '나무 장작'을 사용해 고온(섭씨 485도)에서 구워야 한다는 것, 피자 반죽의 가운데 두께를 0.3센티미터 이하로 얇게 구워야 한다는 것, 피자의 전체 크기는 지름 30센티미터 이하여야 한다는 것이다. 하지만 뉴욕에서는 이런 방식을 고수할 수 없었고, 나폴리 피자는 뉴욕식 피자로 변화할 수밖에 없었다. 뉴욕 도심에서 나무 장작을 사용해 피자를 굽기는 어려운 일이었으므로, 롬바르디스에서는 나무 장작 대신 당시 맨해튼에서 쉽게 공급받을 수 있었던 석탄을 사용해 피자를 구웠다.

나무 장작에 비해 화력이 강한 석탄을 사용함으로써 좀 더 큰 피자도 골고루 익힐 수 있게 되었다. 피자 크기가 커지게 된 것이다. 여기에, 제2차 세계대전 이후 전쟁터에서 돌아온 군인들이 이탈리아 현지에서 맛보았던 피자를 찾으면서, 피자는 이탈리아 이민자뿐 아니라 다수 미국인에게 사랑받게 되었고, 미국식으로 다양한 토핑을 얹어 뉴욕만의 피자로 정착했다.

석탄 화덕으로 굽는 뉴욕 피자, 뉴요커의 피자 부심

그러나 석탄 화덕 또한 위기를 맞이했다. 1900년대 중반, 석탄의 사용으로 인해 환경문제가 제기되자 뉴욕 시가 맨해튼 내 상업용 주방에서 석탄의 사용을 금지한 것이다. 다행히도 기존 업체는 이 규제를 벗어날 수 있었는데, 따라서 현재 뉴욕 시에서 석탄을 사용해 피자를 굽는 가게들은 1900년대 중반 이전부터 영업

을 해온 곳이다. 즉
100년 넘은(혹은 가
까이 되는) 석탄 화덕
을 고쳐가면서 지금까지
써온 것이다. 석탄 화덕을 여
전히 사용하는 곳들은 극히 일부
(10여 곳으로 추정)이며, 이 가게들은 밖에
"콜 파이어드 오븐Coal Fired Oven"이라는 단어를 큼직하게 적어놓고 홍보 포인트로 활용한다.

　뉴욕 시의 규제로 석탄을 사용할 수 없게 되자, 피자 가게 업주들은 어쩔 수 없이 가스 화덕을 사용하게 되었는데 이를 '브릭 오븐brick oven'라고 부른다. 뉴욕 시에서 피자 좀 만든다는 대부분의 피자 가게들이 브릭 오븐을 사용하는데, 빨간색 벽돌로 만든 화덕에 가스불로 열을 올리는 방식이다. 가스를 사용하는 화덕은 나무나 석탄을 때는 화덕에 비해 온도가 균일하게 유지되기에 피자의 바삭한 식감은 조금 떨어지게 마련인데, 이 때문에 뉴욕에서 제대로 된 피자를 맛보려면 여전히 석탄 화덕을 쓰는 가게를 찾는 것이 좋다.

　적정한 온도를 유지할 수 있었던 가스 오븐의 사용으로 뉴욕 피자의 크기는 조금 더 커졌다. 기존의 나폴리 피자 크기가 30센티미터 이하였다면, 현재의 뉴욕 피자는 지름 45센티미터까지 커

졌다. 기존의 나폴리 피자가 한 사람이 충분히 다 먹을 수 있는 크기였다면, 커다랗게 변한 뉴욕 피자는 슬라이스해서 여러 명이 나눠 먹는다.

뉴욕 지하철역 근처를 걸어 다니다보면, 하나 이상씩은 꼭 만날 수 있는 곳이 바로 슬라이스 피자를 파는 가게다. 전통적으로 피자 슬라이스 한 조각에 99센트에서 1달러라는 매력적인 가격으로 사람들을 끌어들여왔는데, 뉴요커들은 이를 두고 피자의 법칙 Pizza Principle이라고 부른다. 지하철 편도 1회 요금과 피자 한 조각의 가격이 동일하다는 것인데, 저렴한 가격으로 한 끼 식사를 때울 수 있음을 강조하는 마케팅이었다. 현재는 피자 가격이 많이 올라 지하철 편도 요금보다 비싸지만, 일부 가게에서는 여전히 저렴한 가격으로 피자를 판매해 주머니 사정 가벼운 사람들에게 위안을 주고 있다.

이런 뉴욕 피자는 꼭 두 손을 써서 먹는데, 삼각형으로 잘린 피자 한 조각을 반으로 접어서 먹어야 한다. 이를 두고 뉴요커들은 '폴드 앤드 홀드fold and hold'라고 하는데, 반으로 접은 피자를 꽉 쥐고 먹는다는 의미다. '이런 게 뭐 얼마나 중요하겠어? 그냥 맛있게만 먹으면 되지!'라고 생각하다가는 큰코다칠 수도 있다. 2014년 당시 뉴욕 시장인 이탈리아계 빌 드블라지오Bill de Blasio가 맨해튼 남쪽 스태튼 아일랜드의 피자 가게에서 포크와 나이프를 사용해 피자를 먹는 모습이 보도되었다. 이를 본 사람들은 "재앙disaster"이라는 표현을 써가며 비난했고, 결국 드블라지오가 "본인이 이탈리아계라 이탈리아식으로 포크와 나이프 사용에 익숙하다."라고 해명한 뒤 일단락되었을 정도로 뉴요커들의 피자 부심은 대단하다. 그의 말에서 알 수 있듯이, 피자의 본고장 이탈리아에서는 미국식으로 손으로 피자를 집어 먹는 것을 야만적인 행동으로 경멸한다고 한다.

넓은 땅덩어리만큼 다양한 미국 피자

피자가 탄생한 곳은 이탈리아 나폴리지만 세계인이 먹는 피자는 미국인이 만들었다고 자랑하는 나라답게, 미국에는 너무나 다양한 피자가 있다. 뉴욕식 피자가 이탈리아 피자처럼 얇고 바삭하다면, 시카고의 피자는 엄청난 치즈가 도 위에 올라가 있다. 딥 디시deep dish라고 불리는 시카고 피자는 언뜻 보면 커다란 파이 같은데, 치즈, 채소, 고기를 두꺼운 도 위에 올린 뒤 오븐에서 골고루 익히고 마지막에 토마토소스를 얹는 게 특징이다.

날씨가 따뜻한 서부 지역에는 얇은 도 위에 파인애플, 블루치즈, 베이컨에다 바비큐 치킨까지 올려 굽는 새콤달콤한 맛의 캘리포니아 피자가 있다. 이는 1980년대에 '캘리포니아 피자 키친California Pizza Kitchen'의 요리사 에드 라도Ed LaDou가 개발한 메뉴로, 이후 미국 전역으로 퍼져나갔고 현재도 캘리포니아 스타일 피자라는

이름으로 사랑받고 있다.

또한, 토마토소스를 듬뿍 올린 사각형의 디트로이트 피자, 아주 얇은 도를 바삭하게 구워낸 코네티컷 주의 뉴헤이븐 피자도 많은 사랑을 받고 있다. 이런 다양성을 잘 살려낸 메뉴들을 개발하면서 피자헛, 도미노피자, 리틀시저스 같은 프랜차이즈 피자가 생겨났으며, 미국을 넘어 전 세계적으로도 많은 사랑을 받는 브랜드로 성장하게 된 것이다.

먹어보자, 뉴욕 피자!

한국의 여행 가이드북이나 블로거들은 뉴욕의 유명 레스토랑을 소개할 때 '뉴욕 3대 피자 맛집' '스테이크 3대 맛집'과 같은 식으로 범위를 특정 지으려는 경향이 있다. 여행자들이 짧은 시간에 인기 있는 레스토랑을 쉽게 방문하게 돕는 것이라 이해되지만, 이렇게 적은 수의 가게만을 맛집으로 꼽기에는 좀 아쉽다.

뉴욕에 처음 이탈리아 피자 가게를 낸 롬바르디스, 올드 나폴리 스타일 피자 맛을 고스란히 구현하고 있는 디파라 피자Di Fara Pizza, 1975년 문을 열어 여전히 나폴리 피자의 맛을 살리는 조스 피자Joe's Pizza 등은 뉴욕을 좀 더 풍성하게 맛보는 선택이 될 것이다.

롬바르디스에서 오랜 세월 함께 일했던 사람들이 나와서 문을 연 토토노스 피제리아Totonno's Pizzeria, 존스 피제리아John's Pizzeria, 팻시스 피제리아Patsy's Pizzeria 등도 뉴욕 시내에서 여전히 석탄 화덕을 사용해 맛있는 피자를 굽는 곳이다. 더불어, 한국 관광객들이 뉴욕을 오면 빼놓지 않고 방문하는 브루클린에는 그리말디스 피제리아Grimaldi's Pizzeria와 줄리아나스 피자Juliana's Pizza가 있어 얇고 바삭한 뉴욕식 피자를 즐길 수 있다.

뉴욕식 피자의 인기를 반영하듯, 대표적인 프랜차이즈인 도미노피자에서도 피자 도 선택에 '브루클린 스타일'을 추가해 고객들의 입맛을 공략하고 있다. 하지만 뉴욕식 피자는 피자를 판매하는 곳에서 바로 먹어야 제맛이다. 두툼하고 치즈가 듬뿍 올라간 프랜차이즈 피자는 배달을 하거나 테이크아웃을 해서 집에서 먹어도 맛의 차이가 크지 않은 반면, 강한 열에서 얇고 바삭하게 구워낸 뉴욕식 피자는 시간이 조금만 지나도 눅눅해지기 때문이다. 그래서 뉴욕식 피자를 판매하는 가게는 대부분 배달을 하지 않는다.

롬바르디스 Lombardi's

주소 32 Spring St, New York, NY 10012

전화 212-941-7994

영업시간 월-목, 일 12:00~21:45, 금-토 12:00~23:45

디파라 피자 Di Fara Pizza

주소 1424 Avenue J, Brooklyn, NY 11230

전화 718-258-1367

영업시간 월-토 12:00~20:00, 일 휴무

조스 피자 Joe's Pizza

주소 1435 Broadway, New York, NY 10018

전화 646-559-4878

영업시간 월-수, 일 10:00~03:00, 목 10:00~04:00, 금-토 10:00~17:00

토토노스 피제리아 Totonno's Pizzeria

주소 1524 Neptune Ave, Brooklyn, NY 11224

전화 718-372-8606

영업시간 금-일 12:00~19:30, 월-목 휴무

존스 피제리아 John's Pizzeria

주소 278 Bleecker St, New York, NY 10014

전화 212-243-1680

영업시간 월-목, 일 11:30~22:00, 금-토 11:30~23:00

팻시스 피제리아 Patsy's Pizzeria

주소 2287 1st Ave., New York, NY 10035

전화 212-534-9783

영업시간 월-토 11:00~00:00, 일 11:00~23:00

그리말디스 피제리아 Grimaldi's Pizzeria

주소 1 Front St, Brooklyn, NY 11201

전화 718-858-4300

영업시간 월-목, 일 11:30~22:00, 금-토 11:30~23:00

줄리아나스 피자 Juliana's Pizza

주소 19 Old Fulton St, Brooklyn, NY 11201

전화 718-596-6700

영업시간 매일 11:30~15:15/16:00~21:00

ⓒ 정은주

밥과 생선을 다루는
세심하고 유연한 일본 음식

한국인에게 일본 음식 가운데 하나를 꼽으라고 하면 망설이게 된다. 야키토리, 오코노미야키, 돈가스, 카레, 나베…… 다양한 일본 음식을 떠올리며 고민할 테다. 그렇지만 미국인에게 일본 음식은 단연 생선초밥, 즉 스시sushi다. 현재 미국 전역에는 1만 6,000여 개에 달하는 스시 레스토랑이 있다. 4만여 개에 달한다는 차이니즈 레스토랑에 비해 세가 약해 보이지만, 스시 하나만 판매하는 곳임을 감안하면 그 수가 적지 않다. 무엇보다 레스토랑이 아닌 마트에서도, 기차역 간이식당에서도 스시 메뉴를 쉽게 찾아볼 수 있다는 것이 스시의 인기를 보여준다.

그렇지만 60여 년 전까지만 해도 미국인 대다수는 스시를 알지 못했다. 날생선을 먹는 것에 대한 거부감도 엄청났다. 오랫동안 일본인의 입맛을 사로잡았던 스시는, 20세기까지 미국 서부 해변 가까이도 오지 못했다.

적국의 음식에서 건강한 음식으로

미국에 일본 음식이 소개된 것은 19세기 말, 메이지 유신 이후 미국에 이주해 온 일본인들에 의해서였다. 당시 일본인들은 대개 하와이, 캘리포니아 등에 머물렀는데, 오페라 〈미카도The Mikado〉(1885년 작곡가 아서 설리번Arthur Sullivan과 윌리엄 길버트William Gilbert가 만든 오페라로, 일본이 배경이다)를 시작으로 일본 문화의 면면이 소개되면서 뉴욕, 샌프란시스코, 로스앤젤레스 등에 몇몇 일본 음식점이 문을 열었다. 하지만 스시는 아직 낯선 음식이었다. 날생선을 먹지 않는 미국인들을 대상으로, 일본 음식점들은 튀김

이나 구이 요리를 팔곤 했다. 그러다 태평양전쟁이 발발했다. 일본은 미국의 적국이 되었고, 일본 음식점들은 하나둘 문을 닫았다. 1950년대까지 지속됐던 이런 흐름은, 이후 호전된 양국의 관계를 반영하듯 1960년대에 들어서면서 점차 바뀌었다. 여러 매체에서 일본 음식을 조명했고, 미국인들은 일본 음식에 조금씩 관심을 보였다.

1966년, 로스앤젤레스의 중심에 있으며 일본인이 이용하는 식당과 상점이 많아 '리틀 도쿄Little Tokyo'라 불리는 곳에 첫 스시 바sushi bar가 들어섰다. 노리토시 카나이Noritoshi Kanai가 세운 카와후쿠Kawafuku였다. 이곳이 일본 이민자들 사이에서 인기를 끌게 돼, 곧 리틀 도쿄에 몇몇 스시 바가 더 생겼다. 이어 1970년에는 리틀 도쿄가 아닌 곳에서도 스시 바가 문을 열었다. '오쇼Osho'라는 이름의 이 스시 바는 20세기폭스 영화사 옆에 있어서, 점심시간이면 셀러브리티 손님들을 끌어 모았다.

1970년대를 지나면서 미국인들도 스시의 맛을 조금씩 알게 되었다. 여기에는 미국 정부도 한몫했다. 1977년, 미국 상원이 〈미국을 위한 식생활 목표Dietary Goals for the United States〉라는 보고서를 발표했는데, 지방이 많고 콜레스테롤 수치가 높은 음식이 질병 발병률을 높인다면서 어류 및 곡물 섭취를 적극적으로 권장한 것이다. 같은 시기, 보건 전문가들은 어류에 함유된 오메가3 지방산의 효능에 주목하기 시작했다. 이로써 많은 미국인은 불과 50년

전까지만 해도 낯선 음식이었던 스시를 '건강한 음식'으로 인식하게 됐다.

할리우드 스타처럼 젓가락질하기

무엇보다 1980년 9월에 방영된 TV 미니시리즈 〈쇼군Shogun〉이 일본에 대한 인식을 바꿔놓았다. 제임스 클라벨James Clavell의 동명 소설을 원작으로 한 〈쇼군〉은 네덜란드 상선 항해사였던 영국인 블랙손이 세계일주 도중 배가 난파되어 일본에 상륙해서 겪는 일들을 담고 있는데, 17세기 일본 문화와 생활 등을 상세하게 보여주었다. 이전까지 일본에 대해 막연하게 알고 있던 미국인들이 이 드라마를 통해 일본 문화를 자연스럽게 이해하게 된 것이었다.

더불어 일본의 경제성장이 맞물려 1970년대 후반에서 1980년대 초반에 많은 일본 기업이 미국으로 진출했다. 이는 자연스럽게 미국에 거주하는 일본인의 증가로 이어졌고, 고향 음식이 그리웠던 재미일본인들을 비롯해 일본 문화에 호기심을 가진 미국인들 사이에서 하나의 흐름이 생겨났다. 일본 음식, 특히 스시에 대한 관심이 그것이었다.

그럼에도 여전히 스티븐 스필버그 감독의 영화 〈1941〉(1979)에서는 미국 병사를 말리는 장교가 "크리스마스에 날생선을 먹고 싶나?"라고 호통치는 장면이, 올리버 스톤 감독의 영화 〈월 스트리

트〉(1987)에서는 마틴 쉰이 스시를 집어 들고 냄새를 킁킁 맡은 뒤 인상을 찌푸리는 장면이 나올 정도로, 스시를 꺼리는 사람이 많았다.

1980년대에 들어서면서, 일본 음식에 대한 미국인들의 인식이 크게 바뀌게 된다. 요리사 노부 마쓰히사Nobu Matsuhisa 때문이었다. 그의 유명세와 함께 스시와 롤 같은 일본 음식이 미국에서 고급 음식으로 자리 잡았다. 로스앤젤레스에서 스시집을 운영하던 노부는 단골손님이던 배우 로버트 드니로의 제안으로 뉴욕에 레스토랑을 열었다. 그전까지 뉴욕 사람들이 스시를 먹을 수 없었던 건 아니지만, 스시를 상징하는 요리사는 없었다. 맨해튼에서도 가장 핫한 소호에서 문을 연 '노부 레스토랑'은 순식간에 많은 연예인과 명사들이 찾는 곳이 되었다. 노부는 일본식 스시가 미국인의 성향에 맞지 않는다는 것을 파악하고, 미국 사람들이 좋아하게끔 일식을 응용했다. 이제는 흔하게 찾아볼 수 있는 바삭한 은대구 구이와 미소(된장) 소스, 연어 살이나 도미 살을 얇게 썰어 접시 위에 올린 뒤 뜨거운 기름을 살짝 뿌려 겉면을 익힌 요리는 노부의 시그니처 메뉴였다.

미국인들이 스시를 바라보는 관점이 확연히 달라진 것은 할리우드 영화를 통해서도 확인할 수 있다. 〈애널라이즈 댓Analyze that〉에서 로버트 드니로는 마피아 두목으로 등장해 스시를 맛있게 먹으며, 처음에는 어려워하던 부하들도 맛있게 먹기 시작한다. 〈킬

빌Kill Bill〉에서도 우마 서면이 능숙한 젓가락질로 스시를 먹으며, 뉴욕을 상징하는 드라마 〈섹스 앤 더 시티Sex and the City〉에서도 주인공 사만다가 스시를 먹는 장면이 자주 나온다.

이처럼 미디어를 통해 스시가 대중에게 퍼져나갔다. 이전까지 스시에 대해 무지했던 대중도 점차 '스시는 고급 음식이구나, 스시는 상류층이 먹는 음식이구나!'라고 인식하게 되었다.

캘리포니아 롤, 미국식 스시의 탄생

우리는 흔히 니기리즈시にぎりずし만 스시라고 생각하지만, 사실 일본에서 먹는 스시의 종류는 다양하다. 밥을 손으로 쥐어 모양을 만들고 생선을 올리는 니기리즈시(니기루にぎる는 '손에 쥐다'라는 뜻이다) 말고도, 틀(상자)에 밥을 펴놓고 생선을 올려서 누르고 나중에 한 입 크기로 자르는 오시즈시おしずし, 밥그릇에 밥을 담고 작은 생선이나 달걀 등을 흩뿌리듯 얹어 먹는 지라시즈시ちらしずし, 김 위에 밥을 펴고 생선 등을 올린 뒤 말아서 완성하는 마키즈시まきずし 등이다. 물론 이 모든 스시에서 밥은 단촛물로 간을 한 것이다.

일본에서는 스시를 위해 백미로 밥을 짓지만, 미국에서는 건강 문제 때문에 백미보다 현미를 많이 사용하는 것이 특징이다. 뉴요커들은 쌀에 꽤나 까다로운데, 쌀밥을 제공하는 대부분의 식당에서는 백미white rice는 물론, 현미brown rice를 필수로 준비해놓는다. 최근 들어서는 흑미purple rice를 쓰는 곳도 늘었다. 현미는 백미보다 식감이 딱딱하지만, 한국 사람들보다 꼬들꼬들한 식감(파스타로 치면 알 덴테Al dente)을 좋아하는 미국인들에게는 현미의 식감이 전혀 거슬리지 않는 듯하다.

미국에서는 니기리즈시와 지라시즈시 모두를 쉽게 찾아볼 수 있으며, 회의 신선도에 따라 가격은 천차만별이다. 하지만 여전히 날것에 익숙하지 못한 사람들 때문인지 뉴욕에서는 마키즈시, 즉 롤roll이 더 많은 인기를 끌고 있다. 워낙 다양한 재료를 응용해 만들어 다양한 입맛을 충족시키고 있는 것이다. 채소로만 속을 채운 베지 롤에서부터 롤 윗부분에 울긋불긋하게 스리라차(태국식 칠리소스)와 마요네즈 소스를 뿌린 것까지, 한눈에도 맛있어 보이

는 롤들이 다양하다.

롤은 어찌 보면 음식의 미국화를 보여주는 가장 단적인 예라 할 수 있다. 일본에서 건너온 음식이 아니라 미국에서 미국식으로 완성되었기에 미국화된 음식의 전형적인 특징이 나타난다.

망고 크림치즈 롤, 와사비 마요네즈 롤 등 미국식으로 변형된 일본 음식의 등장은 1970년대 로스앤젤레스의 일본 음식점 '도쿄 카이칸Tokyo Kaikan'의 스시 요리사가 캘리포니아 롤(얇게 채 썬 오이, 아보카도, 그리고 게살 또는 게맛살로 채운 마키즈시를 일컫는다)에 대한 아이디어를 낸 것에서 시작됐다. 이곳의 요리사는 신선한 제철 식재료로 특별하게 변형한 마키즈시를 만들었다. 당시만 하더라도 가게에서 참치를 신선하게 보관하는 일은 쉽지 않았는데, 이 때문에 참치에서 나는 비릿한 맛을 잡으려고 진한 맛의 아보카도를 사용했다. 그런데 오히려 이것이 미국인의 입맛을 사로잡았고, 이후 다양한 종류의 응용 롤들이 등장했다.

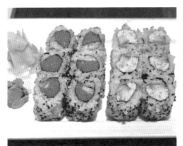

1970년대에 롤이 조금씩 인기를 얻기 시작할 때까지만 하더라도, 롤의 형태는 김이 밥을 감싸고 있는 전통적인 마키즈시 스타일이었다. 김의 바삭바삭하고 거친 식감과 향이 아시아인들에게는 좋은 맛으로 다가갔지만, 미국인들에게는 그저 검은 종이black paper였다. 반전의 아이디어는 단순했다. 김을 밥 안에 넣고 싸는 것이었다. 이 간단한 변형이 현재의 캘리포니아 롤을 탄생시켰다. 이것은 미국에서 스시의 미래를 여는 가장 중요한 변화였다. 롤이 인기를 끌자 생선 위주의 속 재료가 미국인들이 좋아하는 크림치즈, 튀긴 크랩, 과일 등으로 끝없이 변형되었다.

처음 롤을 만든 사람이 누구인지에 관한 다른 설도 있다. 일본계 캐나다인 히데카즈 토조Hidekazu Tojo는 오사카 출신이었는데, 1971년 더 많은 배움을 위해 캐나다 밴쿠버로 향해 '마네키Maneki' 라는 일식당에서 일을 시작했다. 당시 그는 주변에서 일본식 마키즈시를 먹는 사람을 한 번도 보지 못했는데, 그 이유가 사람들이 김의 모양과 색깔에 익숙지 않기 때문이라고 생각했다. 히데카즈는 이를 보고 김을 밥 안으로 넣는 지금의 롤을 개발했으며, 그 시기는 1974년이라고 주장한다.

먹어보자, 뉴욕의 스시!

뉴욕에서는 스시나 사시미(회)의 가격이 대단히 비싸다. 실제 가격이 비쌀 뿐 아니라 사람들의 머릿속에도 '스시는 비싼 음식'이라는 생각이 자리 잡고 있다. 가느다란 냉동 참치 한 줄이 들어간 참치 롤의 가격은 최소 8~10달러이며, 고급 일식당에서 스시를 먹으려면 1인당 100달러 이상은 지불해야 한다. 여기에 음료, 팁, 세금이 추가되면 1인당 150달러는 훌쩍 넘게 된다. 물론 한국에서도 이 정도 가격의 스시집을 찾아볼 수 있다. 하지만 뉴욕에서는 대부분이 이러하다.

한국과 뉴욕의 스시집에서 보이는 가장 큰 차이는 생선의 종류다. 신선한 활어를 마음껏 사용하는 일본이나 한국과 달리, 미국에서는 참치 사용이 두드러진다. 뉴욕에서는 수산물의 원산지와 유통 과정을 확실히 밝혀야 위생검열을 통과할 수 있어, 각 레스토랑에서는

대형 업체들이 유통하는 제한된 식재료를 사용할 수밖에 없기 때문이다. 미국의 대형 해산물 유통 회사들은 일본산 또는 스페인산 최고급 참치나 성게 같은 고가의 식재료를 주로 취급하는데, 이 때문에 뉴욕의 고급 스시집에서는 질 좋은 참치를 많이 사용한다.

캐주얼한 일식당에서는 점심 메뉴로 스시와 샐러드, 우동이 포함된 세트 메뉴를 내기도 하지만 횟감의 질은 낮은 편이다. 스시를 먹을 때면 초생강, 락교, 장국은 기본적으로 제공되며, 일부 스시집에서는 매운맛에 익숙하지 않은 사람들을 위해 와사비를 바르지 않고 스시를 낸다.

한편, 2017년 8월부터 뉴욕 레스토랑에서 사용하는 날생선은 반드시 냉동 보관 후 해동하도록 하는 규제가 시행되었다. 이는 날생선의 처리 과정에서 생길 수 있는 기생충이나 세균 증식을 막기 위함이다. 하지만 신선한 활어를 두고 냉동 생선을 사용해야 한다니, 생선의 질을 최고로 따지는 스시 레스토랑의 불만은 이만저만이 아니다.

2018년도 《미슐랭 가이드 뉴욕판》이 그해 선정한 72개 레스토랑 중 16곳이 스시 레스토랑이었다. 뉴욕의 미슐랭 스타 레스토랑의 약 20퍼센트를 스시 레스토랑이 차지한 것이다. '바 우추Bar Uchu' '사츠키Satsuki' '스시 아마네Sushi Amane'가 새로 별을 달았다. 과거에는 존재 자체만으로도 생존이 가능했던 스시집들이, 이제는 맛과 생선의 질, 요리사의 솜씨 등이 복합적으로 작용해야 성공할 수 있을 정도로 뉴요커들이 스시 맛을 알게 된 것이다.

그중 가장 눈길을 끄는 건 최고급 스시를 지향하는 '마사Masa'다. 뉴욕의 72개 미슐랭 레스토랑 중 단 5곳만 선정된 3스타의 영예를 차지한 곳으로, 1인당 식사비가 1,000달러부터 시작한다는 엄청난 가격에도 아랑곳없이 두 달치 예약이 미리 마감될 정도로 인기 있다. 가게에 들어서면 도쿄의 고급 스시집을 연상시키는 나무 인테리어가 먼저 눈에 들어오는데, 스시 카운터에 올려놓은 정사각형 나무 상자 속에는 횟감들이 미리 손질되어 있다. 식사를 시작하면 일본에서 들여온 와사비를 직접 갈아서 내주는 것부터 인상적이다. 반으로 갈라 살짝 로스트한 뒤 트러플을 올린 성게, 최고급 참치 뱃살에 캐비어를 살짝 올린 애피타이저를 먼저 맛본다. 이후 요리사들은 손님들이 먹는 속도를 보며 스시를 내며, 식사가 끝나면 뉴욕에서 유행하는 크레페 케이크와 녹차 아이스크림을 제공한다. 일본과 미국의 맛을 아우르는 코스 요리다.

최근 들어 뉴욕에도 비교적 합리적인 가격으로 스시를 내는 식당 브랜드들이 생겨나고 있는데, 대표적인 곳이 '슈거피시Sugarfish'와 '본다이 스시Bondi Sushi'다. 이 두 곳의 공통점은 30달러 내외의 가격으로 정통 스시를 맛볼 수 있다는 것인데, 이미 하나의 식당을 넘어 유명 프랜차이즈로 확장하고 있다.

질 좋은 횟감으로 만든 뒤 젊은이들이 좋아할 만한 세련된 종이 패키지에 담아주는 본다이의 스시는 뉴욕 직장인들 사이에서 점심 메뉴로 인기다. 또한 스시의 대중화를 이루고 싶다는 요리사 카즈노리 노자와Kazunori Nozawa가 서부에서 시작한 슈거피시는 고급 횟감을 사용해 제대로 된 스시를 만들어주는 것이 특징이며, 기존의 스시보다 조금 더 작게 만들어 여성들이 한 입에 먹을 수 있게 공략한 점도 돋보인다.

이런 식당들로 인해 뉴요커들의 스시에 대한 호감도는 점점 높아지는 중이다.

마사Masa
주소 10 Columbus Cir, New York, NY 10019
전화 212-823-9800,
영업시간 화-토 12:00~15:00/17:00~21:30, 일-월 휴무

슈거피시Sugarfish
주소 33 E 20th, New York, NY 10003
전화 347-705-8100
영업시간 월-목 11:30~23:00, 금 11:30~00:00, 일 12:00~23:00

본다이 스시Bondi Sushi
주소 246 5th Ave, New York, NY 10016
전화 646-609-2308
영업시간 월-목, 일 11:00~22:00, 금-토 11:00~23:00

뉴요커도 젓가락질하게 만드는
일본의 면 요리

2016년 봄, 뉴욕대 근처에 있는 작은 라멘집 '잇푸도Ippudo' 앞에 유난히 긴 줄이 서 있었다. 워낙 인기 있는 라멘집이니 늘 많은 사람이 찾지만, 이날은 가게 문을 열기 다섯 시간 전부터 몰려든 사람들로 인산인해를 이뤘다. 바로 '마블×잇푸도' 이벤트 때문이었다. '어벤져스 인터랙티브 라멘The Avengers Interactive Ramen' 이라는 기획 아래, 녹색 면발은

헐크를, 별 모양 어묵은 캡틴 아메리카를, 뼈째 빵가루를 묻혀 튀긴 양고기는 토르의 묠니르를, 반숙 달걀은 아이언맨의 심장(즉 아크 원자로)을 나타냈다고 한다. 심지어 녹색 면발 속에 붉은색 면을 한 가닥 넣어 블랙 위도까지 표현한 데다, 잇푸도 직원들은 어벤져스 히어로 분장을 하거나 상징하는 소품들을 들고 일했다니, 흥미롭기 그지없는 이벤트였을 것이다.

지금 맨해튼에서 라멘을 먹는다는 것은 이처럼 트렌드를 즐기는 것에 가깝다. 젊은이들은 이스트 빌리지의 비좁은 라멘집에 삼삼오오 앉아 라멘 국물을 들이켜면서 음식뿐 아니라 유행을 만끽하고 있는 것이다.

고급 일본 음식 스시, 서민 일본 음식 라멘

한국 사람에게 라면과 라멘의 차이는 중요하다. 라면은 늘 우리 곁에 있는 인스턴트라면을, 라멘은 "이랏샤이마세!"를 외치는 가게에서 사 먹는 일본식 면 요리를 가리키는 것이기 때문이다. 그러나 뉴요커들에게는 라멘과 인스턴트 누들의 구분만 있다. 한국에서와 마찬가지로, 뉴욕에서 라멘은 육수부터 제대로 우려낸 일본식 면 요리다. 미국의 어느 슈퍼마켓에 들러도 한국산이나 일본산 혹은 동남아시아 여러 나라에서 만들어진 봉지라면이나 컵라면을 쉽게 찾아볼 수 있지만, 뉴요커들에게 이것은 인스턴트 누들이다. 미국인들은 이 인스턴트 누들을 '인스턴트'라고 줄여 부른다.

뜨거운 국물과 매운맛에 익숙하지 않은 미국인들은, 아시아계와 남미계를 제외하면 인스턴트 누들에 크게 호감을 갖고 있지 않다. 인스턴트라면을 끓여 한 끼를 해결하느니, 차라리 빵 두 쪽에 소시지 하나 넣은 핫도그를 먹는 게 더 편하고 값싼 곳이 뉴욕이기 때문이다. 하지만 가게에서 먹는 라멘이라면 이야기가 다르다. 뉴요커들은 육수부터 면까지 직접 만들어내는 요리사들에게 존경심을 가지며, 라멘집에서 이국적인 분위기를 느껴보려 한다. 단순히 가격이 싼 음식을 먹는 것이 아니라, 합리적인 가격에 잘 만든 음식을 먹는다고 생각하는 것이다.

하지만 같은 일본 음식이라고 해도, 미국인에게 스시는 고급스럽고 비싼 음식이라는 인식이 자리 잡고 있다. 날카로운 칼로 생선을 썰어 밥에 올려놓는 요리사의 손기술이, 미국인들에게 스시는 자신들이 다룰 수 없는 고급 요리라고 받아들이게 하는 것이다. 그 덕분에 가격도 비싸다. 뉴욕 한복판에서 테이크아웃 스시 가격은 8개8 pieces 기준 10달러 정도이며, 레스토랑에서는 한 개당 2~3달러다.

그에 반해, 라멘은 일본에서와 마찬가지로 미국에서도 서민의 음식이다. 또한, 라멘집은 그리 크지 않은 공간에 서민적인 인테리어를 추구하고, 가격부터 부담스럽지 않다. 뉴욕 시내에서 외식 가격은 보통 25~30달러지만, 라멘은 한 그릇에 10~15달러로 비교적 값싸고 양이 많은 데다 혼자 먹기 편하다. 그와 더불어, 미국인들이 좋아하는 닭이나 돼지를 사용해 육수를 만들고 고기 토핑(차슈)을 올린 것도 어필했다. 이런 이유들로 인해 어느새 라멘은 면과 뜨거운 국물을 함께 먹는 데 익숙지 않았던 미국인들마저 완전히 사로잡아버렸다.

뉴요커의 맛으로 변형되다

예전에도 뉴욕의 일본 음식점에는 스시와 사시미(회), 돈부리(덮밥)와 덴푸라(튀김) 같은 메뉴 중 하나로 라멘이 있었지만, 라멘이 주인공인 음식점은 드물었다. 라멘을 대중화한 일등공신은 재미교포 2세인 데이비드 장David chang이 2004년에 연 '모모후쿠 누들 바Momofuku noodle bar'다. 데이비드 장은 일본에 체류하며 한 소바집에서 일한 경력이 있는데, 당시의 경험을 살려 미국에 라멘집을 연 것이다.

그는 라멘을 미국인 입맛에 맞게끔 변형했다. 일본에서 먹는 라멘에 비해 육수가 더 진하고 차슈도 더 많이 올렸다. 돼지고기로 육수를 내고 두툼한 삼겹살로 만든 차슈를 넉넉하게 올린 알카라인Alkaline 라멘과 삼겹살 차슈를 번에 싸서 먹는 포크번Pork Bun은 그의 시그니처 메뉴다. 미국에서 고기 가격이 저렴한 이점을

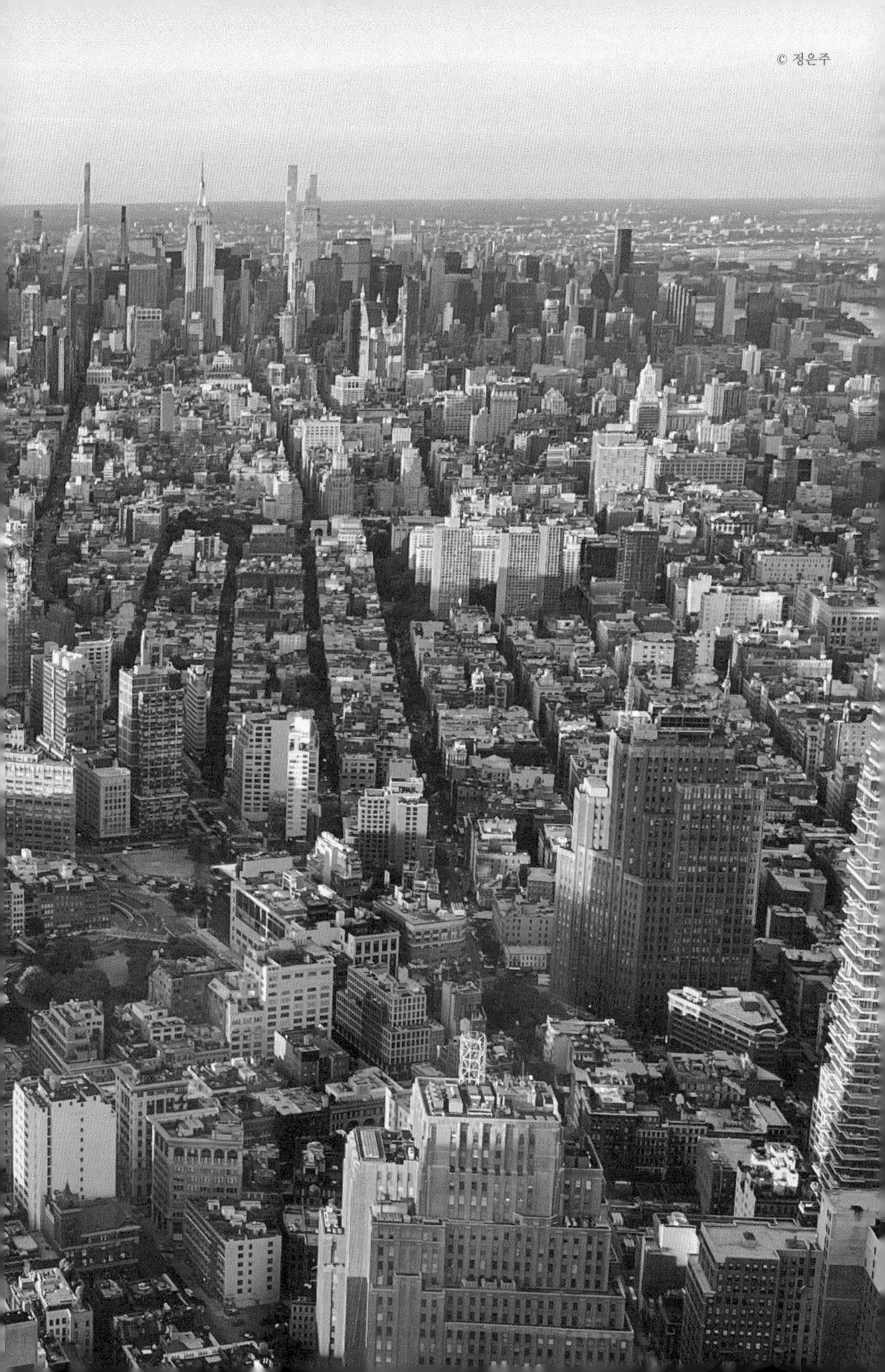

살려 넉넉하게 넣고 우려낸 육수는 일본에서 먹는 라멘보다 느끼하고 진했지만, 미국에서 나고 자란 장은 미국인이 어떤 맛을 좋아하는지 완벽하게 알고 있었다. 인스턴트라면의 창시자 안도 모모후쿠의 이름을 딴 모모후쿠 누들 바에서는 다양하게 변형된 라멘을 만들고 있다. 김치를 비롯한 한국 음식도 사용하며 일본의 라멘을 만들어내지만, 그는 한국식이나 일본식이 아니라 자신만의 새로운 미국 음식을 만들고 있다고 주장한다.

2006년 미국 요리 잡지《푸드 앤 와인Food & Wine》선정 최고 요리사, 2007년 뉴욕의 제임스 비어드 재단James Beard Foundation 선정 올해의 신인 요리사에 이어, 2011년부터 수차례《미슐랭 가이드》에 등장하는 등 데이비드 장이 스타 요리사로 성장하자 그의 가게에서 판매하던 라멘의 인기도 자연스레 높아졌다. 이전까지 주저하고 있던 많은 젊은이가 라멘 전문점을 열기 시작했던 것도 이 시기부터다.

모모후쿠 누들 바가 성공을 거두자 일본에서 거대한 체인을 거느리고 있는 라멘 전문점 '잇푸도'가 뉴욕에 진출했다. 2008년 뉴욕에 지점을 낸 잇푸도는 일본 현지 방식으로 돼지 뼈를 끓인 육수에 생면을 넣은 '돈코쓰 라멘'을 선보여 굉장한 인기를 끌었다. 국물을 머금을 때 끈적끈적하고 돼지 냄새가 강하게 느껴지는 돈코쓰 라멘은 미국 사람들이 먹기에 조금은 거부감이 있다고 생각되어, 이전까지는 미국에서 주로 쇼유(간장) 라멘이나 미소(된장)

라멘이 판매되었다. 하지만 이를 비웃기라도 하듯, 뉴요커들은 일본 현지의 맛을 그대로 구현한 돈코쓰 라멘에 열광했다. 특히 맨해튼 한복판에서 일본 라멘 하나만으로 승부를 보아 성공한 것이 높이 평가받는데, 20평 남짓한 공간의 한 달 임대료가 최소 1만 달러(2022년 기준 약 1,300만 원)에 육박하는 맨해튼에서 모험을 하는 건 쉽지 않은 일이기 때문이다.

모모후쿠 누들 바와 잇푸도의 영향으로 뉴욕에는 수십 군데의 라멘집이 생겼다. 그 대부분은 스무 명도 앉기 어려울 만큼 작은 가게지만, 뉴욕 젊은이들은 라멘을 트렌디한 음식이라 생각하며 국물과 면의 세밀한 차이까지 구분하기 시작했다. 중국 사람이 만든 일본 라멘이 아니라 일본 현지 방식으로 만든 라멘을 찾을 만큼 라멘 맛을 이해한 것이다. 지금은 뉴욕을 넘어 북미 어느 지역을 찾더라도 쉽게 먹을 수 있을 만큼 대중화됐다.

뉴욕 대부분의 라멘집에서는 젓가락과 함께 포크와 나이프를 올려놓는데, 여전히 젓가락질을 힘들어하는 이들을 위한 배려다. 애피타이저는 포크와 나이프로 먹고, 라멘은 젓가락질하는 미국인들의 모습이 흥미롭기도 하다. 덩치 큰 미국인들이 좁디좁은 카운터 테이블에 앉아 라멘과 음료를 먹는 모습을 보면 뉴욕 같지 않다고 느껴질 정도다. 어느 곳을 가도 넉넉한 공간을 만들어주는 미국이지만, 라멘집의 분위기에 압도당한 손님들은 당연히 그래야 한다는 듯이 몸을 움츠리고 라멘을 먹는 데만 열중하는 것이다.

먹어보자, 뉴욕의 라멘!

　뉴욕에 라멘집이 하나둘 생겨나기 시작한 2010년부터 원조와 퓨전이 공존하던 시기를 거쳐, 이제 라멘은 뉴욕식으로 흡수되고 있다. 여전히 일본 정통 방식으로 국물을 내는 곳이 있는가 하면, 다른 방식으로 국물을 내고 색다른 토핑을 얹어 내놓는 곳도 있다. 아이반 올킨Ivan Orkin이 운영하는 '아이반 라멘Ivan Ramen'이 대표적이다. 1980년대 일본에서 영어 강사로 일했던 아이반은 곧 라멘의 맛에 빠져들었고, 뉴욕으로 돌아온 뒤 2013년에 라멘집을 열었다.

　아이반 올킨은 미국으로 돌아오기 전 일본의 도쿄에서도 라멘집을 운영한 적이 있음에도, 그의 라멘은 일본의 전통을 따른다기보다는 새로운 요리라는 느낌이 강하다. 아이반 라멘에서는 밀가루 면 대신 호밀 면을 쓴다거나 돼지고기 차슈, 멘마(절인 죽순), 숙주 같은 토핑 대신 토마토, 치즈, 견과류 등을 올리는 과감한 시도를 한다. 특히 국물 없이(혹은 자작한 국물에) 비벼 먹는 마제멘에서는 커리를 쓰기도 하는 등 변형을 가하는 데 거리낌이 없다. 애피타이저(일본의 음식점에서는 '오토시'라 부르는 것에 해당하는) 메뉴에서도 커리, 레몬, 싹양배추 등 라멘 혹은 일본과는 무관한 식재료를 마음껏 사용하면서도 일본 음식다운 조리법을 채택하고 있어 묘한 조화를 이룬다. 뉴요커들은 면 요리를 먹을 때 면의 심이 씹히는 꼬들꼬들한 맛을 중시하는데, 아이반 라멘의 호밀 면은 건강하고 신선하다는 느낌과 씹히는 식감을 잘 살렸다는 평가를 받는다.

'토리브로 라멘Toribro Ramen'은 일본 어느 뒷골목에서 볼 수 있을 법한 라멘집을 콘셉트로 한다. 브로드웨이의 한적한 거리 반지하에 위치한 데다 열 명만 들어가도 가득 찰 정도로 비좁아, 영업시간이 되기 전부터 늘어선 긴 줄이 아니었다면 결코 눈여겨보지 않았을 만큼 평범하다. 토리브로 라멘은 닭고기로 육수를 내 깔끔한 맛이 일품이다. 시그니처 메뉴인 토리브로 파이탄Toribro Paitan은 맑은 닭고기 육수에 가늘게 썬 파, 그리고 차슈를 올려 내는데, 닭 육수와 파 맛의 조화는 푹 익힌 닭을 건져낸 뒤 끓인 닭칼국수를 먹는 듯한 느낌을 준다. 일본에서처럼 바 자리에 앉으면 라멘 만드는 과정을 전부 지켜볼 수 있는 것도 뉴요커들에게는 이채로워 보이는 듯하다. 뉴욕의 라멘집들에서도 일본에서처럼 손님이 들어서면 "이랏샤이마세!"라고 큰 소리로 외치는데, 일반적인 조리복이 아닌 그들만의 캐주얼한 유니폼과 머리띠 역시 뉴요커들의 흥미를 불러일으킨다.

모모후쿠 누들 바에 들어서면 말 그대로 기다란 바에 앉아서 라멘을 먹고 있는 사람들의 모습이 보이는데, 흥미로운 점은 그 사이에서 칵테일을 마시는 사람들이 있다는 것이다. 칵테일과 라멘의 조화가 어색하게 느껴질 수도 있겠지만, 음식점에 들어와 음료 한 잔은 필수로 주문하는 미국 식문화의 관행상 맥주나 와인보다는 칵테일이 더 맞다고 보는 모양이다. 잇푸도의 바에서도 잘생긴 바텐더가 만드는 칵테일을 즐길 수 있는데, 일본 청주와 진gin을 섞거나 혹은 청주와 카시스cassis를 섞은 달콤한 칵테일을 포크번과 함께 즐긴다.

라멘집에서 애피타이저로 내주던 삶은 풋콩(에다마메)이나 타코야키는 미국인의 위장에는 너무 양이 작았다. 그러던 차에 데이비드 장이 포크번을 선보인 이후, 통삼겹살을 로스트한 뒤 큼직하게 썰어놓은 것을 쫀득한 빵에 싸 먹는 포크번은 뉴욕에서는 어느라멘집에서도 볼 수 있는 애피타이저 메뉴가 되었다.

아이반 라멘 Ivan Ramen
주소 25 Clinton St, New York, NY 10002
전화 646-678-3859
영업시간 매일 12:00~21:00

토리브로 라멘 Toribro Ramen
주소 366 W 52nd St, New York, NY 10019
전화 646-964-5863
영업시간 월-목 12:00~17:00/17:30~22:00, 금-토 12:00~17:00/17:30~22:30,
      일 12:00~21:30

모모후쿠 누들 바 Momofuku noodle bar
주소 171 1st Ave., New York, NY 10003
전화 212-777-7773
영업시간 월-목 17:00~23:00, 금-일 12:00~16:00/17:00~23:00

택시 기사들과 함께한
뉴욕의 무슬림 식문화

차체가 노란색이어서 '옐로 캡Yellow Cap'이라는 애칭으로 불리는 택시는 뉴욕을 상징하는 아이콘이다. 일방통행 구간이 많은데다 주차 공간을 찾기 어려운(주차 요금도 엄청 비싸다!) 뉴욕에서 택시는 자가용 승용차보다 유용한 교통수단이다. 우버Uber나 리프트Lyft 같은 승차 공유 서비스가 급성장해 택시 산업이 망하는 건 아닌가 하는 걱정도 있지만, 여전히 뉴욕 거리에는 옐로 캡이 가득하다. 늦은 밤 술에 취해 힘들어도 절대 옐로 캡은 타지 마라는 말이 나올 정도로 뉴욕 택시가 불안과 위험의 대명사였던 적도 있지만, 이제는 친절한 서비스와 정확한 정산으로 과거의 이미지들을 지워가고 있다.

무슬림 택시 기사들의 삼중고

이 노란 택시를 운전하는 기사들 중 상당수는 남·서아시아나 북아프리카에서 온 이민자다. 몸만 가지고 미국으로 온 가난한 이민자들에게는 택시 기사 말고는 선택지가 없었다. 머나먼 타국으로 와서 하루 종일 복잡한 뉴욕 거리를 오가며 운전하는 이들이 처한 어려움은 한두 가지가 아니었겠지만, 먹을 수 있는 음식이 별로 없다는 것을 빼놓을 수가 없다.

택시를 세워놓고 식사할 수 있는, 주차장 넓은 식당은 점점 사라지고 있으며(있다 해도 주차비를 감당할 수 없다), 퍽퍽한 바게트에 햄과 치즈 정도만 넣고 종이로 둘둘 말아놓은 샌드위치 하나가 10달러나 하는 곳이 뉴욕인지라, 매일 밖에서 점심을 해결해야 하는 택시 기사들은 끼니 때마다 고민이 많다. 더욱이 무슬림이 대다수인 남·서아시아나 북아프리카 이민자들이 겪는 끼니 고충은 한층 심했으니, 종교 율법에 따라 할랄Halal 인증을 받은 음식만 먹어야 하기 때문이다.

할랄이란 아랍어로 '허용된 것'이라는 뜻으로, 채소나 육류 등 식재료에서부터 생필품, 의약품 등 무슬림이 먹고 쓸 수 있게 허

용된 제품을 총칭하는 용어다. 특히 음식은 식재료와 조리 방법뿐 아니라 포장, 보관 같은 유통 과정까지 전부 이슬람 율법에 따라 처리되어야 할랄 인증을 받을 수 있다.

기본적으로 할랄이 엄격하게 적용되는 식품군은 육류다. 도축의 경우, 무슬림 도축 전문가가 수작업으로 동물의 경동맥을 절단해야 한다. '가축의 고통을 최소화한다.'는 취지의 이슬람 율법을 따른 것으로, 일반 도축장에서 흔히 사용하는 전기 충격기 등 기계 사용은 금지된다. 주방에는 이슬람 성지인 메카Mecca 방향으로 절을 할 수 있도록 카펫이 비스듬히 깔린 기도실이 별도로 마련되어 있어야 한다. 새벽 3시에 일어나 기도를 올리고, 또 작업할 때마다 "알라후 아크바르"(알라는 가장 위대하다)라고 기도를 올려야 한다. 도축된 고기를 운반할 때에도 일정 온도가 유지되는 전용 운반 차량만 이용해야 한다. 특히 돼지고기에 대단히 까다로운데, 돼지고기가 한 번이라도 거쳐 간 조리 기구를 쓰는 것이나 돼지 뼈(와 껍질)를 가공해 만든 식품은 일절 허용되지 않는다. 이렇게 어렵게 할랄 인증을 받았어도 유지 기간이 1년에서 최대 2년으로 아주 짧기 때문에 지속적으로 관리하는 것도 쉽지 않다.

사실 눈이 튀어나올 만큼 비싼 임대료로 유명한 뉴욕 한복판에서 까다로운 할랄 인증을 받은 음식을 찾는 일 자체가 힘든데다 주머니 사정까지 넉넉하지 않으니, 택시 기사들이 할랄 음식을 판매하는 곳에서 음식을 사 먹는 것은 현실적으로 어려운 일이었다. 이러던 차에 무슬림 택시 기사들 사이에 뉴욕 한복판에 할랄 음식을 먹을 수 있는 곳이 생겼다는 소문이 돌았다. 바로 웨스트 53번가 근처에 있는 '할랄 가이즈The Halal Guys'였다.

푸드카트와 푸드트럭

'할랄 가이즈'에 관해 이야기하기 전에, 푸드카트 이야기부터 해보자. 푸드카트food cart란 글자 그대로 음식을 파는 수레다. 한국에서 손수레를 끌고 다니며 떡볶이나 순대, 튀김 등을 파는 것처럼, 맨해튼에서도 푸드카트를 끌고 다니면서 음식을 판다. 물론 크기나 설비는 다양하며, 심지어 급수 시설을 갖춘 카트도 있다.

맨해튼에서 푸드카트의 역사는 그리 길지 않다. 푸드카트는 19세기 초 동유럽에서 이주해 온 유대인들이 델리마켓이나 식료품점에서 주로 팔던 코셔 딜 피클Kosher dill pickles(유대인 율법에 맞게 만든, 허브 딜을 넣은 오이절임)을 길거리에서 판매하면서부터 시작됐다. 이후 1950년대까지는 리틀 이털리 지역에서 땅콩을 팔거나, 그리스 이민자들이 들여온 수블라키souvlaki(구운 고기, 채소를 피타 빵에 넣고 둘둘 말아 먹는 그리스 음식)와 피타 빵pita bread(그리스 및 중동 지역에서 즐겨 먹는 빵으로, 밀가루 반죽을 얇고 평평하게 구워 담백한 맛이 특징이다)을 판매하는 것이 전부였다. 그 밖에는 주로 핫도그나 프레즐 같은 간단한 음식 혹은 차가운 음료나 막대 아이스크림을 판매했다. 푸드카트에서 취급하는 음식의 종류는 그리 다양하지 않았지만, 이 음식들은 이때부터 1980년대까지 뉴욕의 주요한 길거리 음식이 되었다. 비록 길거리에서 판매되는 음식이었지만, 보행자들이나 뉴욕을 찾은 여행자들에게 충분히 대접받는 음식이었다.

푸드카트가 길 위의 터줏대감이라면, 푸드트럭food truck은 음식 유행의 선도자 역할을 한다. 수레보다 크고 불을 더 편하게 사용할 수 있어 만들어내는 음식도 다양해졌다. 대체로 장소를 정해두고 음식을 파는 푸드카트와 달리, 푸드트럭은 매일 판매하는 위치를 바꿔가며 운영하면서 SNS를 통해 이동 장소를 그때그때 알려준다. 영화 〈아메리칸 셰프〉가 이런 푸드트럭의 모습을 잘 보여주는데, 그 영화의 실제 모델, 한국계 미국인 로이 최Roy Choi가 푸드트럭의 유행에 한몫했다. 그가 2009년 로스앤젤레스에서 시작한 '고기 코리안 바비큐Kogi Korean BBQ'가 미국의 푸드트럭 열풍을 선도한 것이다.

푸드트럭은 코리안 바비큐 타코부터 중국식 덮밥, 멕시칸 타코 등 국적을 가리지 않고 좀 더 맛있고 싸고 빠르게 다양한 음식을 접할 수 있는 미국만의 음식문화가 되었다. 공연이나 운동 경기 같은 대형 이벤트가 열리는 곳에는 늘 푸드트럭들이 모여 금세 다양한 음식의 향연이 펼쳐진다. 물론 이런 푸드트럭의 열풍에도,

여전히 뉴욕의 골목골목에는 늘 그 자리를 지키는 푸드카트들이 있다.

할랄 가이즈의 등장

타임스퀘어와 가까운 웨스트 53번가와 6번가 코너에서 세 명의 이집트 젊은이(모하메드 아부엘레네인Mohamed Abouelenein, 아메드 엘사카Ahmed Elsaka, 압델바세트 엘사예드Abdelbaset Elsayed)는 닭고기나 쇠고기로 만든 소시지를 넣은 핫도그를 푸드카트에서 팔고 있었다. 이들이 힐튼 호텔 앞에서 장사를 하던 어느 날, 손님을 기다리던 무슬림 택시 기사들에게서 자신들을 위한 먹을거리가 없다는 푸념을 들었다. 이들은 손님을 태우려는 택시가 항상 줄지어 서 있는 이곳에서 무슬림 택시 기사들을 위한 음식을 팔면 대박을 칠 수 있을 것이라 확신했고, 무슬림도 먹을 수 있는 닭고기와 양고기, 그리고 쌀을 식재료로 써 간편하게 먹을 수 있는 음식을 만들어 팔기 시작했다. 1992년의 일이다.

플래터platter라고 불리는 이 음식은, 간단하게 말하면 밥과 채소 위에 고기(치킨, 콤보, 비프 자이로 중 선택)를 올린 것으로, 여기에 소스를 뿌려 먹는다. 바스마티basmati 쌀에 터머릭과 커민을 넣고 간을 한 뒤 닭 육수를 붓고 꼬들꼬들하게 지은 밥 위에 담백하게 구운 고기를 얹는다. 닭고기는 오레가노, 레몬 즙, 코리앤더 등과

함께 노릇하게 구워 가늘게 찢고, 양고기는 숟가락으로도 쉽게 떠 먹을 수 있게끔 잘게 다져 볶는다. 이 위에 채 썬 양상추를 올리고 피타 빵을 곁들여 내준다. 마요네즈와 식초를 섞은 화이트소스와 입안이 얼얼하게 매운 레드소스도 선택할 수 있다. 마요네즈와 그리스식 요구르트, 식초를 섞어 만든 화이트소스의 새콤한 맛이 고기와 잘 어울린다.

물론 중동에서 하는 것만큼 철저하지는 않겠지만, 이미 할랄 인증을 받은 식재료들만 쓰기에 할랄 음식으로 판매하는 데 전혀 지장이 없으며, 할랄의 기본을 갖춘 식재료를 사용하는 것만으로도 뉴욕의 많은 무슬림에게는 반가운 일이었을 터. 이후 '아메리칸 할랄American Halal'이라는 말이 생겨날 정도로 미국에서 할랄 음식들이 대중화되는 데 할랄 가이즈는 큰 역할을 했다. 로이 최의 푸드트럭이 미국 푸드트럭 시장을 선도한 것처럼 말이다.

한 그릇에 7달러라는 저렴한 가격뿐만 아니라, 조금 과장해 두 명이 먹어도 충분할 만큼 넉넉한 양도 주머니 사정이 넉넉하지 못한 택시 기사들에게 안성맞춤이었다. 더욱이 손님이 몰리는 시간이나 요일에 맞춰 이동하는 다른 푸드카트와 달리, 할랄 가이즈는 늘 같은 자리, 즉 웨스트 53번가와 6번가 사이에서만 음식을 팔았고 지금도 여전히 그 자리를 지키고 있다. 대형 프랜차이즈로 성장한 지금도 같은 자리에 서 있는 카트 앞에는 긴 줄이 늘어서 있기 일쑤여서 음식을 받기까지 오랜 시간이 걸리지만, 이들은 '스

페셜 택시 라인'을 설치해 자신들의 성공과 함께한 택시 기사들이 주문하면 먼저 음식을 제공하곤 한다.

할랄 가이즈가 성공을 거두자 맨해튼 도처에서 수많은 할랄 푸드카트가 생겨났다. 대부분 이집트에서 건너온 이민자들이 꾸렸는데, 이들은 그전까지는 이집트 길거리 음식인 쿠샤리kushari(쌀과 마카로니에 병아리콩과 렌틸콩, 토마토소스와 마늘, 식초를 섞어 차갑게, 혹은 뜨겁게 먹는 이집트 음식. 마무리로 튀긴 양파를 한두 조각 올린다)나 풀 메담스ful medames(누에콩을 커민, 파슬리, 다진 마늘, 양파와 푹 끓이고 으깬 뒤 레몬 즙과 오일, 고춧가루 등을 섞은 북부 이집트 음식)

등을 팔았다.

하지만 이집트 음식에 비해 좀 더 대중화되고 인기를 얻은 할랄 가이즈의 성공을 보며, 이들 역시 점차 메뉴를 할랄 푸드로 바꿔갔다. 그러면서 할랄 푸드에 독특한 변형이 가해졌는데, 이집트인들은 할랄 푸드에 하리사harissa 소스(후추, 고추, 향신료, 오일 등을 섞어 만든 이집트 소스)나 차치키tzatziki(그리스식 요구르트로, 주로 양젖이나 염소젖으로 만든다. 여기에 오이, 마늘, 허브, 식초 등을 넣어 맛을 낸다)를 더했다. 할랄 가이즈의 기존 음식보다 조금 더 가볍고 상큼한 맛이 첨가되었고, 중동 지역의 음식에서 점차 맛이 세분화되며 더 많은 사람의 입맛을 유혹하게 되었다. 결국 할랄 가이즈는 할랄 푸드가 뉴욕에서 조금씩 '진화하는' 원동력을 만들어준 셈이다.

미국을 강타한
멕시칸 패스트 캐주얼

멕시코 음식을 한 번도 먹어보지 않았더라도, '토르티야tortilla'
라는 이름은 익숙할 것이다. 한국에서는 흔히 '또띠아'라고 발음
하는 이 음식은, 옥수수 가루 반죽을 둥글고 얇게 구운 것이다.
여기에 채소나 고기, 치즈, 소스 등을 올려 먹는 것이 바로 '타코
taco'다(먹기 편하도록 반을 접어 내주곤 한다). 토르티야 사이에 치즈
(말고도 기호에 따라 닭고기나 햄, 콩 등 여러 재료를 넣는다)를 넣고 구
운 것은 케사디야quesadilla, 토르티야 위에 밥, 채소, 고기를 얹고
돌돌 만 것은 부리토burrito, 부리토에 소스를 끼얹어 내놓는 엔칠

라다enchilada('고추(양념)을 더하다'라는 뜻의 enchilar에서 파생된 말이다)까지, 우리 눈에는 다 비슷하게 보이지만 제각기 다른 이름에 저마다의 맛을 낸다는 멕시코 음식이다. 이처럼 멕시코 음식은 토르티야에서 시작해 토르티야로 끝난다고 해도 과언이 아니다.

물론 살짝 구워 옥수수 풍미를 내는 토르티야 자체도 매력적이지만, 무엇보다 푹 익혀 가늘게 찢은 돼지고기와 블랙빈black bean, 다진 양파, 실란트로를 올린 타코에 라임 즙을 뿌려 먹는 맛은 참 매력적이다. 타코를 한 입 베어 물면 토르티야의 고소함이 먼저 느껴진다. 흡사 밀전병 같은 식감에 고소한 맛과 향이 코와 입으로 들어오는 순간, 뒤이어 입안에서 녹아내릴 듯 부드러운 돼지고기와 물기를 가득 머금은 콩, 여기에 상큼한 양파와 강렬한 향의 실란트로, 그리고 한두 방울 흘러내린 라임 즙이 따라오면서, 이 것이 바로 멕시코 음식임을 알려준다.

한국의 반찬이 참기름으로 마무리되는 것처럼, 멕시코 음식에서 라임은 빼놓을 수 없는 소스 겸 식재료다. 또한, 오랜 시간 끓여낸 블랙빈은 마무리 단계에서 크림을 살짝 넣어 부드러운 맛을 더하는데, 걸쭉한 콩과 고기의 조합은 일품이다.

여기에는 꼭 멕시코 맥주인 솔Sol이나 모델로Modelo를 곁들이자. 멕시코에서는 무더운 날씨 탓인지 한국 맥주처럼 가벼운 느낌의 라거 맥주를 즐겨 마시는데, 맥주병에 라임 한 조각을 끼워 마시는 것으로 유명한 코로나Corona의 고향이다. 코로나처럼 옅은

노란색을 띤 솔과 모델로는 다른 맥주에 비해 비교적 알코올 도수가 낮고 가벼운 느낌이라 어느 음식과도 잘 어울린다. 코를 맥주 가까이 대야만 느껴질 정도로 아련한 쌉싸름한 향, 그리고 상큼한 목 넘김 때문에 한번 마시기 시작하면 여러 병을 훌쩍 마시게 되는 경우도 다반사다. 비슷비슷해 보이는 소주이지만 제주도에 가면 오리지널 한라산 소주를 찾아 마시게 되는 것처럼, 솔과 모델로는 멕시코 음식에 꼭 곁들여야 하는 특별한 맥주다.

옥수수, 고추, 아보카도의 조화

멕시코 음식은 마야와 아스텍 문명에 기원하며, 전국에 걸쳐 옥수수가 생산돼 옥수수로 만든 음식들을 주식으로 삼았다. 옥수수를 갈아서 죽을 끓여 먹거나 옥수수 가루를 반죽해 토르티야를 만들어 먹었으며, 무더운 날씨 탓에 고대부터 고추를 비롯해 향신료를 많이 썼다. 특히 고기류를 다룰 때는 각종 향신료를 넣고 버무린 뒤 조리했는데, 마치 인도의 커리 요리와도 비슷하다. 고대 식문화를 잘 유지하고 있던 멕시코였지만 스페인의 장기간 지배로 모든 것이 변화했다. 스페인의 식민지배를 받는 동안 마늘과 양파, 쌀, 밀가루, 쇠고기, 치즈 등 다양한 스페인 식재료가 유입되었으며, 이는 현대 멕시코 음식의 원형이 되었다.

김치를 비롯해 한국 음식에서 빼놓을 수 없는 식재료인 고추의 원산지가 바로 멕시코를 포함한 메소아메리카 지역임은 잘 알려진 사실이다. 강렬한 태양 아래에서 자라는 여러 품종의 고추는 그 맛과 화끈함 또한 제각각이다. 한국에서는 주로 고추를 말려 가루 내 사용하는 반면, 멕시코에서는 생고추를 다져 소스로 만들어 요리에 사용한다. 매운 고추를 잘게 다져 넣은 핫살사hot salsa 나 치즈 나초 위에 다진 고추를 올려 내는 요리 등을 보면, 강렬하고 화끈한 맛을 즐기는 데 멕시코 사람들이 한국 사람들보다 한 수 위인 것처럼도 느껴진다. 하지만 멕시코 음식이 맵다고만 생각하면 오해다. 매운맛을 달래주는 부드러운 아보카도나 사워크림, 치즈 등을 써서 맛의 조화를 내고 있기 때문이다.

텍스-멕스, 미국화된 멕시코 음식

이민자의 나라 미국에서도 압도적으로 많은 수를 차지하는 이민자 집단은 히스패닉Hispanic, 즉 중남미계 이민자다. 2010년에 약 5,050만 명이었던 미국 내 히스패닉 인구는 2020년에는 6,210만 명으로 무려 1,000만 명 이상 늘었는데, 같은 기간 아시아계 인구가 500만 명, 흑인 인구가 220만 명 늘어난 것에 비하면 어마어마한 증가세다.

특히, 미국은 멕시코를 제외하면 세계에서 가장 많은 멕시코인이 사는 국가다. 멕시코에서 온 이민자는 2019년 기준 미국 인구

의 11.3퍼센트를 차지하며, 미국 내 히스패닉 인구 중 61.5퍼센트에 달한다. 이런 만큼, 미국에서는 멕시코 음식을 매우 쉽게 접할 수 있고 그 종류도 꾸준히 다양해지고 있다.

뉴욕에 있는 수많은 멕시코 음식점은 전반적으로 가볍고 부담 없는 분위기에, 음식 값 역시 10~20달러 정도로 저렴한 편이다. 꼭 멕시코 음식점에 가지 않아도 펍이나 스포츠 바에서 간단한 멕시코 음식을 쉽게 찾아볼 수 있다. 타코, 부리토, 엔칠라다를 비롯해 나초, 파히타fajita(볶은 고기와 채소를 토르티야에 싸 먹는 음식), 칠리 콘 카르네chili con carne(고추와 커민 가루 등을 넣고 쇠고기, 양파 등을 스튜처럼 끓여 콩과 함께 내는 메뉴) 등이 맥주 안주로 자주 등장한다.

아이러니한 것은 정작 멕시코 현지에서는 이런 음식을 찾아보기 어렵다는 사실이다. 미국에서는 이런 음식을 가리켜 '텍스-멕스Tex-Mex'라고 부르는데, 텍사스 국경 지역에 기원을 둔 '미국화된 멕시코 음식'을 폭넓게 아우르는 표현이다. 과거 멕시코였던, 또한

현재 멕시코와 국경을 맞대고 있는 텍사스 지역에서 발생한 멕시코 음식이라 이해하면 된다.

텍스-멕스의 가장 큰 특징은 미국인이 좋아하는 식재료를 사용한다는 것이다. 전통적으로 멕시코인들은 닭고기와 돼지고기를 사용했고, 쇠고기는 별로 쓰지 않았다. 치즈 또한 전통 멕시코 음식에서는 샐러드를 제외하고는 미국식 치즈를 거의 사용하지 않았다. 그러나 텍스-멕스 음식에서는 치즈나 쇠고기를 쉽게 찾아볼 수 있다. 멕시코 음식에는 아사데로 치즈Asadero cheese(흰색의 반¥연성 치즈로 잘 녹는 것이 특징이다)를 주로 사용했지만, 텍스-멕스에는 공장에서 생산된 노란색 벨비타 치즈Velveeta cheese가 올라간다.

미국 식품회사 크래프트Kraft의 대표 상품인 벨비타 치즈는 부드럽게 잘 녹는 것이 특징인데, 미국인들이 사랑하는 마카로니&치즈나 샌드위치, 파스타 등에 널리 쓰는 치즈다. 벨비타 치즈는 무겁고 진한 맛을 좋아하는 미국인들이 여러 음식에 활용하는데, 값싸고 대중적인 치즈라 이제는 텍스-멕스 음식에 흔히 쓰인다. 또한, 텍스-멕스에서 특별하게 사용하는 향신료는 바로 커민이다. 커민은 멕시코의 남부 지역에서는 잘 사용하지 않고 북부 지역에서 많이 사용했는데, 북부 멕시코가 텍사스에 맞닿아 있는 만큼 텍스-멕스 음식에서 쉽게 찾아볼 수 있다. 칠리 콘 카르네에는 빼놓지 않고 넉넉한 양의 커민이 들어간다.

과카몰리로 하나 된(?) 미국 정치

미국화된 멕시코 음식으로 과카몰리guacamole를 빼놓을 수 없다. 멕시코 식당 어디를 가든 기본 주전부리로 바삭하게 튀긴 토르티야 칩을 내주는데, 이를 살사나 과카몰리와 함께 먹는다. 잘게 썬 토마토, 양파, 실란트로에 라임 즙을 뿌려 만든 살사를 토르티야 칩 위에 얹어 먹어도 좋지만, 잘 익은 아보카도를 완전히 으깨고 잘게 다진 양파와 토마토, 실란트로, 라임 즙을 섞어 만든 과카몰리와 함께하면 신선함 그 자체를 느낄 수 있다. 다른 안주를 주문할 필요도 없이, 잘 만든 과카몰리에 토르티야 칩만 있으면 맥주 몇 병은 간단히 비울 수 있다. 멕시코 정반대편에 위치한 한국에서는 라임이며 아보카도가 꽤 비싸지만 멕시코는 물론 미국에서도 저렴한 과일이다.

멕시코에서는 과카몰리를 그 자체로 먹는 것에 비해, 미국에서는 햄버거나 샌드위치, 샐러드 등 다양한 음식에 활용한다. 특히 미국에서는 미식축구 챔피언 결정전인 슈퍼볼데이Super Bowl Day나 신코데마요Cinco de mayo(스페인어로 5월 5일을 뜻하는데, 1862년 푸에블라 전투에서 프랑스를 꺾고 승전한 것을 기념하는 축제일이다)에 엄청난 소비가 이뤄진다.

과카몰리 때문에 재밌는 사건도 있었다. 2015년,《뉴욕타임스》가 트위터로 '완두콩 과카몰리'(비유하자면 '깻잎 페스토'다) 레시피를 링크하면서 "당신의 과카몰리에 완두콩을 넣어보세요. 우리를 믿어봐요.Add green peas to your guacamole. Trust us."라는 문장을 올렸다가 미국 전역이 발칵 뒤집어진 것이다. 사람들이 보인 반발이 엄청났기에 CNN은 《뉴욕타임스》가 아보카도와의 전쟁에 나서다New York Times goes to war with avocados"라는 제목의 보도까지 했다. 과카몰리를 두고 미국 정치계의 진보-보수가 잠시나마 통합을 이루기도 했다. 당시 오바마 대통령은 트위터에 "나는 《뉴욕타임스》를 존중하지만, 과카몰리를 위해 완두콩을 사진 않겠다. 양파, 마늘, 고추, 이게 최고다.respect the nyt, but not buying peas in guac. onions, garlic, hot

peppers. classic."라는 글을 남겼고, 부시 전 대통령은 "과카몰리에 완두콩을 넣지 말 것You don't put peas in guacamole"이라는 글을 올린 것이다.

그렇지만 이 해프닝 속에서도 완두콩 과카몰리는 계속 만들어지는 모양이다. 구글에 'Pea Guacamole'를 검색하면 제법 많은 레시피가 나온다. 인기가 있는지 아니면 경악스러워하는 반응을 맞닥뜨릴지는("과카몰리라며? 그런데 완두콩을 넣었다고?") 알 수 없지만 말이다.

멕시코의 부리토는 한두 가지 재료를 토르티야에 싸서 손가락만큼 가늘게 말아 여러 개 먹지만, 텍스-멕스의 부리토는 토르티야에 미국인들이 즐겨 먹는 스크램블드 에그, 소시지, 햄, 감자 등으로 속을 꽉 채워 점심 식사 대용으로 만들어 먹는다. 이제는 '신생아 사이즈'라고 광고할 만큼, 부리토는 거대한 점심 식사가 됐다. 이처럼 커다란 부리토를 샌프란시스코 스타일이라고 부르는데, 샌프란시스코식 부리토는 토르티야에 밥, 고기, 채소를 꽉 채워 넣는다. 이 부리토는 샌프란시스코 시내의 미션 디스트릭트Mission District에서 1960년대 후반 급속히 인기를 모았는데, 점점 더 거대함으로 치열한 경쟁을 펼치고 있다. 뒤에 얘기할, 치폴레 창업자 스티브 엘스 또한 이 샌프란시스코 부리토에서 영감을 얻었다.

미국에서는 '부리토 볼'이라는 부리토 응용 음식도 인기 있다.

부리토 볼은 부리토의 속 재료를 오목한 그릇bowl에 담은 것으로, 토르티야 없는 부리토다. 남미식으로 지은 스패니시 라이스, 실란트로, 콩, 옥수수, 양상추, 라임 조각, 아보카도 등을 담은 부리토 볼을 볼 때면 '이게 비빔밥이랑 뭐가 다를까?'라는 생각이 든다.

여기서 멕시코 음식에서 빠지지 않는 밥, 즉 스패니시 라이스를 한번 살펴보자. 붉은색을 띠어 레드 라이스red rice라고도 불리는데, 쌀과 토마토, 마늘, 양파 등을 넣고 지은 밥을 일컫는다. 쌀을 살짝 볶은 뒤 닭 육수를 붓고, 다진 토마토와 마늘, 양파, 파프리카, 완두콩 등의 채소를 넣는다. 보통은 약불에서 뚜껑을 덮은 채 밥을 짓는데, 커다란 스팀 오븐에 넣어 완성할 수도 있다. 닭 육수의 짭쪼롬한 맛 때문에 별도의 간을 하지 않아도 밥맛이 짭짤하다. 이 밥에 치킨을 올려 치킨 라이스, 양고기를 올려 램 라이스 등으로도 판매하지만, 스패니시 라이스는 주로 사이드 디시로 소비되는 편이다.

패스트 캐주얼의 등장, 치폴레

이렇게 멕시코 음식이 친숙한 미국이지만, 이를 더욱 널리 알린 것은 바로 '치폴레Chipotle'라는 프랜차이즈다. 현재 미국을 비롯해 전 세계에 3,000여 개의 지점을 냈다. 치폴레에서는 여러 맛으로 조리된 밥, 고기, 채소, 소스 가운데 손님이 고른 타코나 부리토의

재료를 직원이 용기에 담아주는데, 세 가지 단계를 따른다. 첫 번째 단계에서 밥을, 두 번째 단계에서 여러 종류의 고기 중 한 가지를, 마지막 단계에서 채소와 소스를 고르면 자신만의 타코나 부리토가 완성되는 것이다. 한국 음식으로 비유하자면, 자신이 원하는 것만 골라 먹을 수 있는 셀프 비빔밥인 것이다.

이 치폴레의 창업자는 미국의 유명 요리학교를 졸업한 뒤 샌프란시스코에 있는 한 식당에서 일하던 스티브 엘스Steve Ells다. 그는 미국 서부 지역에서 라틴 음식에 대한 수요가 크다는 사실을 알게 되었다. 그가 처음 일하던 지역은 금융회사가 많은 샌프란시스코 도심이었는데, 이곳에서는 이미 라틴 음식, 특히 멕시코 음식이 꽤 인기를 얻고 있었다. 서부 지역은 과거 멕시코 사람들이 거주하던 지역이어서, 여전히 많은 멕시코 문화를 느낄 수 있다.

직장인들이 많은 지역에서는 값싸고 푸짐한 멕시코 음식의 인기가 자연스럽게 높아질 것이라고 감지한 엘스는, 고향으로 돌아가 1993년 콜로라도 덴버 대학교 앞에 첫 번째 치폴레를 열었다. 엘스는 아버지에게 빌린 8만 5,000달러로 가게를 열었는데, 지금 치폴레에서 판매되는 것과 비슷한 맛과 모양의 부리토를 팔기 시작했다. 치폴레의 부리토는 당시 배고픈 대학생들에게 혁신적인 음식으로 받아들여졌다. 학생들이 원했던 가격과 양, 맛, 그리고 들고 다니면서 먹을 수 있는 편리함이 제대로 어필해 대성공을 거둔 것이다.

엘스는 처음 가게를 열었을 때만 해도 하루에 부리토 100여 개만 팔아도 성공이라고 생각했지만, 문을 연 지 한 달 만에 하루에 1,000개씩 팔 만큼 엄청난 인기를 끌게 되었다. 이후 여러 곳에 지점을 내면서 확장해나가다가, 1998년 맥도날드 사가 대주주가 되면서 전 세계적인 브랜드로 성장했다(맥도날드는 2006년 치폴레에서 완전히 손을 뗐다).

무엇보다 주목할 점은, 미국 패스트푸드 시장을 완전히 뒤바꿔놓은 '치폴레 효과'다. 조금 거창하게 말하자면 패스트푸드 시대는 가고, '패스트 캐주얼' 시대로 들어서게 된 것이다. 치폴레chipotle는 멕시코 남부와 중미 일부 지방의 원주민이었던 나와틀족Nahuatl의 언어인 chipotle에서 유래한 말로, 훈제한 고추 혹은 훈제해 말린 할라피뇨 고추를 뜻한다. 이 치폴레 고추는 멕시코뿐 아니라 중남미 지역 국가들의 음식에서 주요하게 사용한다. 하지만 이제 치폴레 하면 패스트 캐주얼 레스토랑Fast Casual Restaurant을 가리키는 말로 통용된다.

패스트 캐주얼은 패스트푸드와 캐주얼 레스토랑의 중간쯤을 의미하는 신조어로, 10달러 이하의 저렴한 가격에 자신이 원하는 음식을 쉽고 빠르게 먹을 수 있게 고안된 시스템을 가리킨다. 패스트푸드는 싼 가격에 음식이 빨리 나오는 장점이 있지만 메뉴가 한정적이고, 캐주얼 레스토랑은 식당에 앉아 테이블 서비스를 받으며 다양한 메뉴를 즐길 수 있지만 이게 부담일 수도 있다. 둘의 장점을 통합한 것이 바로 패스트 캐주얼인데, 매장에 미리 준비된 음식 중 고객이 원하는 것을 골라 담고, 이를 직원이 가져다주는 서비스 없이 고객이 알아서 가져다 먹는 방식이다. 미국에서는 서버가 고객에게 음식을 가져다주면 별도의 팁을 주어야 하는데, 이를 생략한 시스템을 만든 것이다.

고객의 입장에서는 쉽고 빠르게 본인이 좋아하는 음식만 골라 먹을 수 있고 별도의 팁을 내지 않으면서도 분위기 좋은 매장에 앉아 한 끼 식사를 해결할 수 있다. 이런 장점 덕분에, 패스트 캐

주얼은 2000년대 이후 미국에서 핫한 아이템으로 자리 잡았다. 많은 패스트푸드점들이 값싼 식재료를 사용하는 데 반해, 패스트 캐주얼 레스토랑에서는 유기농 재료와 로컬 채소를 사용한다는 마케팅으로 건강한 이미지까지 더해, 그 인기는 날로 커지고 있다.

치폴레가 성공하자 수많은 패스트 캐주얼 브랜드가 잇따라 탄생했는데, 모스 사우스웨스트 그릴Moe's Southwest Grill, 큐도바 멕시칸 그릴Qdoba Mexican Grill 등 멕시코 음식점을 비롯해, 한국의 비빔밥을 콘셉트로 한 비비밥BIBIBOP, 샐러드를 직접 선택해 만들어 먹는 춉트Chopt 등이 대표적이다. 《마켓 리서치-기록과 예측Market Research-Report and Forecast》에 따르면, 전 세계 패스트 캐주얼 레스토랑의 시장 규모는 2020년 기준 1,356억 달러이며, 2027년까지 연간 10.4퍼센트의 성장률을 기록할 것이라고 한다. 패스트푸드가 거의 제자리걸음을 하는 데 비하면 어마어마한 성장세다.

먹어보자, 뉴욕의 멕시코 요리!

미국에는 앞서 소개한 치폴레와 모스, 큐도바 말고도 전 세계적으로 6,000여 개의 지점을 가진 타코벨Taco Bell이 있는데, 타코벨은 한국에도 지점이 있는 반면, 치폴레는 아직 지점이 없다.

이와 차별되는, 좀 더 독특한 분위기에서 멕시코 음식을 즐기고 싶다면 도스 카미노스Dos Caminos와 타콤비Tacombi로 가보자. 도스 카미노스가 상대적으로 더 세련된 매장 분위기를 갖고 있지만, 두 곳 모두 멕시코 현지를 떠올리게 하는 인테리어와 다양한 멕시코 음식을 선보이고 있다. 타콤비는 시골 장터에서나 봄직한 플라스틱 테이블, 낮은 의자 등이 인상적인데, 마가리타margarita, 폰체ponche 등 멕시코의 전통적인 칵테일도 즐길 수 있다.

도스 카미노스Dos Caminos
주소 373 Park Ave S, New York, NY 10016
전화 212-294-1000
영업시간 월-목, 일 11:30~21:00, 금-토 11:30~22:00

타콤비Tacombi
주소 267 Elizabeth St, New York, NY 10012
전화 917-727-0179
영업시간 매일 11:00~23:00

변화를 두려워하지 않는
차이니즈 아메리칸

한 손으로는 사각 종이 박스를 들고, 다른 한 손으로는 젓가락을 잡고 국수를 먹는 것은 미국에서 더 이상 어색한 모습이 아니다. 미국에 이주한 중국인이 많아서일까? 아니면 짜장면이 한국화된 중국 음식인 것처럼 '미국화된' 중국 음식이 인기를 끈 걸까? 2017년 미국 내 중국 음식점은 4만여 곳으로, 5만여 곳에 달하는 패스트푸드점에 맞먹을 정도다. 미국에서 중국 음식은 대개 10달러 내외의 값싼 가격에 테이크아웃 형식으로 판매되는데, 넉넉한 양과 빠른 조리 시간 때문에 미국인에게는 또 하나의 패스트푸드로 인식된다.

19세기 중반 이후 이어진 중국인의 행렬은 금광, 대륙 횡단 철도 건설 현장, 농장으로 향했다. 이민자로서가 아니라 이주 노동자로서 미국에 첫발을 디딘 것이다. 중국인 노동력은 캘리포니아의 산업을 키워나가는 데 중요한 역할을 했지만, 이들의 값싼 노동력은 미국의 평범한 백인들에게 노란 위험yellow peril으로 비쳐지기도 했다.

결국 1882년 미국 의회는 향후 10년간 중국인 이민을 금지한 '중국인 배제 법Chinese Exclusion Act'을 통과시켜 중국인들이 미국 내에서 땅을 소유하고 일자리를 찾는 것을 어렵게 만들었다. 또한 미국 정부는 중국인 이주자들이 미국의 백인 파트너들과 결혼하는 것을 허용하지 않았고, 결혼을 하더라도 미국 시민권을 얻지 못하게 했다. 하지만 이런 차별에도 불구하고 미국의 중국인들은 빠르게 자리를 잡아갔다.

사람들이 모여들면서 자연스럽게 식당이며 세탁소 같은 작은 상점들이 생겨났다. 이민 초기에는 중국인 광부나 철도 노동자를 대상으로 중국 본토 요리를 팔고자 했지만, 재료를 구하기가 쉽지 않았다. 결국 미국에서 나는 재료를 쓰면서 레시피에 변형이 가해졌다. 예를 들어, 중국에서는 쉽게 구할 수 있던 가늘고 긴 가지는 미국의 동그랗고 짧은 가지로 대체되었으며, 양배추 또한 중국의 것보다 잎이 더 크고 두꺼운 것을 사용했다. 중국에

서 찾아보기 힘든 깍지콩을 넣기도 하고, 향신료는 전통적인 오향(화자오, 팔각, 정향, 육계, 진피) 대신 파, 마늘, 생강 등 일반적인 허브류만 사용하게 되었다.

1869년에 서부와 동부를 잇는 대륙 횡단 철도가 완성되면서, 미국 서부 해안에서만 먹던 중국 음식이 자연스럽게 동부 뉴욕으로까지 전파되었다. 1세대 중국 이민자들에 이어 미국으로 온 2세대 이민자들, 혹은 이들과 함께 이주한 1.5세들이나 미국에서 태어난 2세들은 중국인들이 몰리는 서부를 벗어나 중부, 또는 동부로 진출했다.

촙 수이, 차이니즈 아메리칸의 시작

1920년대에 미국에서 가장 잘 알려진 중국 음식은 '촙 수이chop suey'다. 이는 고기나 해산물, 달걀, 양배추나 숙주, 양파, 당근 등을 센 불에 재빨리 볶아낸 요리를 가리킨다. 촙 수이는 보통 간장과 굴소스로 간을 맞추기 때문에 어떤 재료를 사용하더라도 일정한 맛을 내는데, 여기에 밥이나 로메인lo mein이라는 볶은 국수를 곁들이기도 한다. 넉넉한 양에 값싸기까지 했던 촙 수이는 중국인 이민자뿐 아니라 미국인 노동자, 주머니 사정 가벼운 젊은이에게 환영받았다. 더군다나 중국 음식점 대부분은 연중무휴에 밤늦게까지 문을 연다는 장점이 있었다. 시간이 흐르면서 중국 음식은 더욱 '미국식'으로 변해갔다. 중국에서 쓰던 재료를 구할 수 없었기 때문만이 아니라, 음식 맛 자체를 '미국인 입맛'에 맞추기 시작한 것이다.

중국 음식의 가장 큰 특징은 어느 지역에 자리 잡고 나면, 거기에 맞춰 대단히 빠르게 맛과 외양을 변화시킨다는 것이다. 우리가 흔히 딤섬이라 부르는 중국식 만두의 경우, 속에 들어가는 재료가 쉽게 바뀔 수 있다. 양고기로 속을 채우거나 현지의 채소로 속을 채워 현지인에게 사랑받는 맛으로 변신한다. 앞서 소개한 촙수이도 그랬다. 현지에서 구하기 쉬운 고기와 채소를 볶아 간장, 굴소스로 마무리하면 현지 사람들도 즐겨 먹는 음식으로 뚝딱 변하는 것이다. 조리법은 동일하되 재료를 바꾸기가 용이해 전 세계 어느 지역에 가더라도 중국 음식을 찾아볼 수 있다.

그렇기 때문에, 뉴욕을 여행하다가 한국에서 즐기던 중국 음식이 그리워 중국 음식점으로 향한다면 실망할 확률이 매우 높다. 차이니즈 아메리칸Chinese American이라 불리는 미국식 중국 음식은 기본적으로 광둥 요리에 기반을 두고 있기에 주로 산둥성에서 이주한 화교들이 주도한 한국식 중국 음식과 다른 것은 물론, 미국식으로 크게 변형되었기에 중국 본토 음식과도 전혀 다른 맛을 내는 탓이다. 대표적인 변형이 중국에서보다 고기를 훨씬 많이 넣고 채소는 적게 넣는 것이다. 중국에서는 청경채나 파, 배추를 많이 쓰지만, 일반적으로 미국에서는 삶아낸 뒤 살짝 볶아 껍질째 먹는 깍지

콩, 진한 향이 느껴지
는 브로콜리 라베broccoli
rabe(래피니rapini라고도 한다), 양
배추를 많이 사용한다.

무엇보다도 조리법에서 차이가 있다. 미국인들은
자극적인 맛을 좋아하기에 중국 본토 음식보다 향은 약하게, 간
은 더 강하게 조리한다. 그래서 여러 종류의 향신료를 섞어 맛을
내는 본토 스타일의 중국 음식은 미국에서는 찾아보기 어렵다. 우
리가 익히 알다시피 중국에서는 튀기고 볶는 것 말고도 발효시키
거나 찌고 삶는 등 다양한 조리법을 쓰지만, 미국식 중국 음식에
서는 기름에 튀기거나 볶는 조리법이 주를 이룬다. 가령 제너럴
쏘 치킨general tso chicken(칠리소스에 볶아낸 닭튀김)이나 에그롤egg roll
등 미국에서 대중화된 중국 음식은 전부 볶거나 튀긴 것이다. 특
히 페이스트리 도에 만두처럼 소를 채워 튀겨낸 에그롤은 뉴요커
라면 한 번쯤 맛보았을 메뉴다.

전 세계에 2,300여 개의 지점이 있으며 미국에서 가장 큰 중국
음식 프랜차이즈인 '판다 익스프레스Panda Express'의 대표 메뉴인
'오렌지 치킨Orange Chicken'은 가장 미국화된 중국 음식 중 하나다.
탕수육 소스에 파인애플이 들어가 상큼한 맛을 내듯이, 오렌지

치킨 소스에는 오렌지 맛이 살짝 올라와 느끼함을 잡는다. 한국식 양념치킨보다 소스가 묽고 과일 향이 진해 호불호가 갈리는 음식이기도 하다. 하지만 오렌지 치킨은 중국 음식 하면 '튀겨낸 닭고기에 소스를 입힌 음식'이라는 이미지를 미국인들에게 확고하게 심어준 음식이다.

유대인의 크리스마스 음식

2010년, 미국 대법관 엘레나 케이건Elena Kagan은 청문회에서 공화당 상원의원이었던 린지 그레이엄Lindsay Graham에게서 "작년 크리스마스에 어디에 계셨죠?"라는 질문을 받았다. 케이건은 이렇게 대답했다. "다른 유대인들이 그러하듯이 저도 중국 음식점에 있었을 겁니다." 엄숙해야 할 청문회장은 한순간 웃음바다가 되었다. 여기에 척 슈머Chuck Schumer 의원이 "크리스마스에 문 여는 곳은 중국 음식점밖에 없잖아요."라고 덧붙이면서 웃음이 이어졌다.

이 문답이 청문회의 엄숙한 분위기를 깰 수 있었던 것은 유대인과 중국 음식 사이의 오래된 관계에 대해 모두가 알기 때문이다. 미국에서 '크리스마스'가 의미하는 바는 실로 어마어마하다. 코로나19의 대유행으로 몇 해 동안 그 분위기가 가라앉기는 했지만, 크리스마스이브 혹은 당일에는 유명 관광지에 있는 상점이나 레스토랑이 아니고서야 거의 모든 가게가 문을 닫는다. 그 와중에 'OPEN' 팻말이 붙어 있는 식당은 대부분 중국 음식점이다. 고로, 크리스마스에 쫄쫄 굶고 싶지 않다면 장을 미리 봐놓거나, 크리스마스 파티 초대장을 받아놓거나, 중국 음식점에 가야 한다.

크리스마스의 중국 음식점에는 유대인으로 가득하다. 케이건 역시 "다른 유대인들이 그러하듯이"라고 하지 않았던가. 유대인이 유독 중국 음식을 사랑하는 건가? 그렇지 않다면, 어떤 이유로

크리스마스에 중국 음식을 즐기는 걸까?

사실, 크리스마스가 아니라 해도 유대인들은 중국 음식을 즐겨 먹는다. 20세기 초 뉴욕에 거주하는 유대인은 40만 명에서 100만 명으로 급증하는데, 이는 당시 뉴욕 인구의 4분의 1가량을 차지할 만큼 많은 수였다. 하지만 이렇게 인구가 불어나는 동안에도 이들이 찾을 수 있는 음식점은 제한되어 있었다. 유대인의 율법을 따른 코셔 음식(베이글 편에서 밝혔다시피, 식재료와 음식을 가공하는 과정, 절차, 생산 시설에 이르는 전체 공정에 걸쳐 까다로운 기준을 지켜야 한다)을 먹어야 하기 때문인데, 맨해튼에서 코셔 음식을 찾는 건 쉽지 않은 일이었다.

비슷한 시기에 많은 중국인이 캘리포니아에서 맨해튼의 로어이스트사이드Lower East Side로 이주했고, 그에 따라 수많은 중국 음식점이 생겼다. 이 당시 유대인이 중국 음식을 먹는다는 기사가 주간지 《아메리칸 히브루American Hebrew》(1899)에 실리기도 했다. 이 기사의 논지는 유대인이 논코셔non-kosher 레스토랑, 특히 중국 음식점에서 식사하는 것에 대한 비판이었지만, 유대인들은 계속 중국 음식점을 찾았다. 1936년에는 로어이스트사이드 중에서도 유대인이 많이 거주하는 구역에 18개나 되는 중국 음식점이 문을 열었다.

코셔는 육류와 유제품을 함께 사용하는 것을 금하고 있다. 이 때문에 이탈리아 음식이나 남미 음식은 유대인들의 선택을 받지 못한다. 이탈리아 소시지 살라미의 미국식 변형인 페페로니pepperoni 와 여러 종류의 치즈가 올라간 피자, 쌀과 고기, 치즈가 듬뿍 들어 있는 부리토 등은 뉴욕에서 평범한 음식이지만, 유대인들은 먹을 수 없는 음식인 것이다. 하지만 중국 음식에는 치즈를 비롯한 유제품이 거의 들어가지 않는다. 비록 엄격한 코셔 인증을 받지는 않았지만, 최소한 율법을 어기지는 않는 음식인 것이다.

이 때문에 많은 유대인이 중국 음식을 편하게 먹기 시작했고, 가장 큰 명절인 (그러나 유대인에게는 명절이 아닌) 크리스마스에도 문을 닫지 않는 중국 음식점을 찾게 되었다. 이런 까닭에, 어떤 중국 음식점은 유대인들을 위한 특별 메뉴를 내놓기도 한다.

즐겨보자, 뉴욕의 중국 음식!

뉴욕에서 중국 음식점의 이미지는 여전히 고급스럽지 않은 레스토랑이다. 가격이 저렴해 푸짐하게 먹을 수는 있지만, 세련되지 않은 인테리어와 불친절한 종업원 등을 떠올리는 것이다.

뉴욕 차이나타운은 맨해튼 남동쪽 리틀 이탈리와 한 블록을 경계로 이웃하고 있다. 차이나타운의 식당에 들어서면 족히 20~30년 전으로 돌아간 듯하다. 테이블보는 촌스러운 체크무늬에, 그릇은 싸구려 플라스틱이다. 따뜻한 음식을 담아 내오는 자기 그릇도 이가 나가 있기 일쑤다. 주인장에게 음식 담는 그릇의 이가 나가 있으면 어떡하느냐고 따지면, 그는 우리 레스토랑의 역사가 오래되어 그렇다고 당당하게 대답한다(가끔 그런 태도가 부럽기도 하다). 손님으로 붐비는 식당은 당연한 듯이 합석을 시키며, 음식을 다 먹기도 전에 테이블 위에 계산서를 올려놓으며 얼른 먹고 나가라는 듯이 째려보는 종업원도 흔히 볼 수 있다. 어이가 없지만, 이런 식당의 분위기 또한 미국의 중국 음식을 중국 음식답게 해주는 배경이다.

뉴욕에서 꼭 가볼 만한 중국 음식점을 꼽는다면 뉴욕에서 가장 오래된 중국 음식점 '놈 와 티 팔러Nom Wah Tea Parlor(南華茶室)'다. 1920년, 중국식 페이스트리(퀀뚠궈쿠이), 찐빵(만터우), 딤섬과 함께 차를 제공하는 것으로 시작했다. 여러 번 주인이 바뀌었지만, 여전히 맛있는 딤섬을 만들고 있으며, 가을 축제 기간에는 아몬드 쿠키, 팥소를 가득 채운 연꽃 페이스트리 등을 선보이기도 한다. 영화 〈어메이징 스파이더맨 2〉 등 많은 영화에 등장할 만큼 차이나타운, 나아가 뉴욕을 상징하는 곳이다. 역사가 오래된 만큼 미국에서 시작된 초기 중국 음식들을 맛볼 수 있다.

뉴욕에서 중국 음식을 미국인들이 편하게 먹기 좋은 콘셉트로 만든 브랜드 중 가장 유명한 곳은 '시안 페이머스 푸드Xi'an Famous Foods'로, 중국에서 가장 오래된 도시 중 하나인 시안西安(우리에게는 장안長安으로 알려진, 한나라에서 당나라까지 수도이기도 했던 역사적 도시)의 일상 음식을 제공한다.

제이슨 왕Jason Wang의 가족은 미국으로 이주한 뒤, 2005년 뉴욕 퀸스의 플러싱Flushing에서 아주 작은 버블티 가게를 시작했다. 제이슨은 미주리 주 세인트루이스에 있는 워싱턴 대학교를 다니며 쉬는 날이면 종종 가게에 들러 아버지를 도왔는데, 가게에서 내는 음식이 버블티보다 더 잘 팔린다는 것을 깨달았다고 한다. 2005년 말, 제이슨은 아버지를 설득해 가게를 골든 쇼핑몰 지하로 옮겼고, 가게 이름도 '시안 페이머스 푸드'로 바꾸었다. 이후 학교를 졸업한 제이슨은 아버지와 함께 본격적으로 가게 운영에 뛰어들었고, 맨해튼과 브루클린 지역을 기반으로 사업을 계속 확장해 8개의 가게를 더 열었다.

그들은 직접 반죽한 량피 냉면Liang Pi Cold-Skin Noodles, 매운 커민 양고기 버거Spicy Cumin Lamb Burgers, 손으로 찢은 국수Hand-ripped Noodles 같은 메뉴로 뉴요커들의 입맛을 사로잡고 있다.

10달러 내외의 값싼 중국 음식이 여전히 미국인들에게 사랑받고 있지만, 세월이 지나면서 고급 레스토랑을 지향하는 중국 음식점들이 생겨나고 있다. 2020, 2021, 2022년 연속으로 '미슐랭 빕구르망'(합리적인 가격에 훌륭한 음식을 제공하는 레스토랑을 선정)을 받은 '리틀 앨리Little Alley'는 상하이의 음식 맛을 뉴요커들에게 전해주는 곳이다. 오너셰프 유천 청Yuchun Cheung은 어린 시절 상하이에서 먹던 편안한 음식을 만들어 제공한다. 청은 레드 스튜 기술Red Stewing을 상하이 요리의 특징으로 강조하는데, 이는 간을

세계 한 고기를 갈색이 날 정도까지 굽고, 그 뒤 몇 시간 동안 천천히 익히는 것이다. 삼겹살과 청경채, 미트볼과 오리 알, 여러 종류의 딤섬, 굴소스에 고추와 캐슈너트를 곁들인 레인보 버섯 요리, 게살두부조림 등이 시그니처 메뉴다.

놈 와 티 팔러 Nom Wah Tea Parlor

주소 13 Doyers St, New York, NY 10013

전화 212-962-6047

영업시간 월-화, 목-일 11:00~21:00, 수 휴무

시안 페이머스 푸드 Xi'an Famous Foods

주소 328 E 78th St, New York, NY 10075

전화번호 212-786-2068

영업시간 월-토 11:30~20:30, 일 휴무

리틀 앨리 Little Alley

주소 550 3rd Ave, New York, NY 10016

전화번호 646-998-3976

영업시간 월-목, 일 11:00~14:45/17:00~21:45, 금-토 11:00~14:45/17:00~22:15

진정한 뉴요커인 굴,
모든 시민을 위한 음식

작가이자 저널리스트인 마크 쿨란스키Mark Kurlansky는 '굴'만으로 한 권의 책을 썼다.《커다란 굴The Big Oyster》서문에서 그는 "뉴욕 굴의 역사는 곧 뉴욕의 역사다. …… 20세기 이전 사람들은 뉴욕을 떠올릴 때면 굴을 함께 떠올렸다. 이것이 세계에서 뉴욕이 받아들여진 방식이었다. 사람들이 현지에서 난 싱싱한 굴을 먹을 수 있는 거대한 항구."라고 했다. 말하자면 20세기 이전에 뉴욕은 세계적인 굴의 도시였다.

빅 애플? 빅 오이스터!

《커다란 굴》은 이렇게 이어진다. "굴은 진정한 뉴요커였다. 굴은 미식가들을 위한 음식, 대식가들을 위한 음식이었으며, 굶주린 시민을 위한 음식이기도 했다. 우아한 주택에서 부유한 이들을 애태우는 음식인 동시에, 비참한 빈민가에서 가난한 이들을 살아가게 한 음식이었다. 국제 무역의 일부분이었으며, 도시 상업의 일부분이었다. 굴을 먹는 것이 바다를 맛보는 일이라면, 뉴욕 굴을 먹는 것은 뉴욕 항구를 맛보는 일이다."

뉴욕에서 굴이 대체 어떤 존재였기에 쿨란스키는 이런 글을 썼을까? 미국 사람들은 날것 중에서도 특히 해산물을 꺼리지만, 굴만큼은 피자나 베이글, 심지어 핫도그보다 더 오래 전부터 먹었다.

1700년대와 1800년대 뉴욕에는 말 그대로 굴이 넘쳐났다. 1609년 헨리 허드슨Henry Hudson(영국의 탐험가. 뉴욕 허드슨 강이 그의 이름을 딴 것이다)이 나중에 뉴욕이라 불릴 땅에 도착했을 때, 바닷가에는 22만 에이커(890km²)의 굴 암초oyster reef가 형성되어 있어 해안에 배를 대기 어려울 정도였다고 한다. 바닷가에는 레나페족Lenape을 비롯해 그곳에 거주했던 원주민이 수천 년 동안 먹어온 굴 껍데기가 쌓여 만들어진 거대한 조개무지midden도 있었다. 역사학자들은 그 당시 뉴욕 만에서 난 굴이 전 세계 굴 생산량의 절반을 차지했을 거라 추정하기도 한다.

독립전쟁이 한창이던 18세기 말에도, 남북전쟁으로 미국이 몸살을 앓았던 19세기 중반에도, 굴에 대한 먹성만은 변함없었다. 당시 뉴요커들은 하루 100만 개의 굴을 먹어치웠다고 한다. 자연산 굴로는 모자라 맨해튼 동쪽 롱아일랜드 지역에 굴 양식장(흔히 오이스터 베드oyster bed라고 부른다)이 들어섰다. 조류의 흐름이 활발해 굴은 충분한 양분을 흡수하며 자라날 수 있었다. 뉴욕 만에서 채취됐던 굴 크기는 지금에 비해 훨씬 컸다고 하는데, 그곳 조개무지에서는 무려 10인치(약 25cm)나 되는 굴 껍데기도 발견됐다. 당시 사람들이 굴을 얼마나 풍족하게 즐겼을지 상상해볼 수 있다.

이렇게 굴을 많이 먹으니, 굴 껍데기도 엄청나게 쌓였다. 맨해튼 남쪽의 펄 스트리트Pear Street는 굴 껍데기를 분쇄해 포장한 도로로 유명하며, 맨해튼의 확장과 함께 세워진 건물들은 굴 껍데기를 태워 얻은 석회로 지은 것이었다. 굴 껍데기는 구하기 매우 쉬웠으므로, 맨해튼의 각 가정은 가구 수리가 필요할 때마다 굴 껍데기를 태우려고 한쪽 면이 열려 있는 지하실을 짓기도 했다.

오이스터 카트와 오이스터맨

뉴욕 곳곳에 지금처럼 핫도그 카트가 있기 전, 그 자리에는 오이스터 카트가 있었다. 이렇게 길거리에서도 사 먹을 수 있을 만큼 값싸면서 영양이 풍부한 굴은 뉴욕의 가난한 노동자 가정에 매우 유용한 음식이었다. 물론 레스토랑에서도 굴을 먹었다. 굴 저장소를 갖고 있던 맨해튼 남부 커낼 스트리트Canal Street의 이름을 따, 당시 레스토랑에서는 커낼 스트리트 플랜Canal Street Plan을 운영했다. 이를 이용하면 손님들은 단돈 6센트만 내고 무제한으로 굴을 즐길 수 있었다.

굴은 다양한 조리법으로 즐길 수 있다. 그러나 예나 지금이나 사람들이 가장 맛있어하는 굴은 '생굴'인 듯하다. 신선한 굴의 껍데기를 깐 뒤, 레몬 즙을 살짝 뿌려 입안에 털어 넣는 그 맛은, 해산물을 날것으로 먹는 것에 익숙지 않은 서양 사람들조차 로마 시대 이전부터 매료시켰다.

이런 생굴을 즐기기 위해, 뉴욕에는 오이스터 바oyster bar가 생겼다. 오이스터 바는 다양한 종류의 생굴과 굴 조리 음식을 즐길 수 있는 곳이다. 무엇보다 이곳에서는 오이스터맨oysterman들을 볼 수 있다. 굴 까는 일을 전문적으로 하는 사람들이다. 뉴욕에서 굴은 쉽게 구할 수 있는 식재료이긴 했지만, 가정에서 굴을 즐기기는 여간 어렵고 귀찮은 일이 아니었다. 냉장고가 없던 시절, 굴을 신선하게 보관할 방법도 없었을뿐더러 단단한 굴 껍데기를 까는 일이 만만치 않게 번거로운 일이었기 때문이다. 따라서 뉴욕 시민들은 오이스터맨들이 재빨리 신선한 굴을 까서 제공하는 식당에 환호했다.

오이스터맨은 먼저 한 뼘 길이의 납작한 오이스터 나이프를 굴 껍데기 뒤쪽 틈새에 찔러 넣고 살짝 들어 올려 입을 벌린 뒤 살만 조심스럽게 발라내 아래 껍데기에 담는데, 육즙 한 방울까지 소중하게 다룬다. 사실 오이스터맨의 가장 중요한 일은 빠른 속도로 굴을 까는 것이다. 주문이 들어오면 빛의 속도로 굴을 까기 시작하는데, 한 사람이 보통 굴 여섯 개를 주문하니 얼마나 빠른 손놀림이 필요한지는 상상이 될 듯하다.

뉴욕의 오이스터 바에서는 20여 종의 각기 다른 종류의 굴을 취급하는데, 각각의 굴 종류에 대한 소개와 그 맛이 어떻게 다른지 설명하는 역할도 오이스터맨들이 담당한다. 굴 종류에 따라 어울리는 술도 추천하면서 자연스레 바 한켠을 책임지는 사람이기도 하다. 오이스터 바와 오이스터맨은 뉴욕이 그저 굴이 풍부하게 나는 곳이 아니라 그 어느 곳보다 맛있게 굴을 먹는 곳이 되게 하는 데 큰 역할을 했다.

한편, 1880년대 뉴욕에서는 여성들이 레스토랑에 출입할 수 없었다. 하지만 굴이 남녀노소 모두에게 폭발적인 사랑을 받자 유니언스퀘어Union Square 인근에 여성 전용 굴 레스토랑인 '레이디스 오이스터 숍Ladies Oyster Shop'이 문을 열었다. 이로써 굴은 모든 사람이 즐길 수 있는 음식이 됐다.

뉴욕에는 뉴욕 굴이 없다?

8,000년 넘게 이어지던 뉴욕 굴의 시대(고고학자들은 뉴욕 항구 인근 굴무지의 연대가 기원전 6900년으로 거슬러 올라간다고 추정한다)는, 20세기가 되자 끝나버렸다. 과도한 수확, 수질오염, 연안 매립 등에서 비롯한 위기였다. 1600년대부터 이어진 지속적인 매립으로 맨해튼의 면적은 원래보다 20퍼센트 이상 넓어졌는데, 그로 인해 굴 서식지가 크게 줄어들었다. 또한 인구가 폭발적으로 늘고 산업이 발달하면서 갖은 오염물질이 바다로 흘러들었다. 결국 1927년, 뉴욕 시는 연안에서 채취한 굴이 식용으로 부적합하다는 판정을 내렸고, 뉴욕의 마지막 오이스터 베드는 문을 닫았다.

물론 이후로도 "뉴욕 시민들은 계속 굴을 먹었지만 예전만큼 많은 양이 아니었고, 오이스터 바는 여전히 인기를 끌었지만 결코 예전 같은 인기는 아니었다. 새로운 오이스터 바가 쉴 새 없이 생겨났다. 그렇지만 그들은 더 이상 뉴욕 굴을 내놓지 않았다."《커다란 굴》)

이렇게까지 된 데는 매립과 수질오염 외에 소비자의 실수도 있다. 굴 양식이 지속되려면 굴 껍데기를 다시 양식장에 쏟아버려야 한다. 거기에 굴 종자가 부착돼 새로운 굴 서식지가 형성되기 때문이다. 그러나 앞서 말했다시피 굴 껍데기는 태워져 석회 대용으로 건물을 쌓아 올리거나 도로를 포장하는 데 쓰였다. 줄어든 굴 채취량을 만회하려고 외래종 굴을 들여와 양식했지만, 이 굴들이 질병을 퍼뜨리기까지 했다. 뉴욕은 더 이상 '세계적인 굴의 도시'가 아니었다.

지금 뉴욕 시는 뉴욕 굴을 재건하는 것을 목표로 '10억 오이스터 프로젝트The Billion Oyster Project'를 진행하고 있다. 2035년까지 10억 마리의 살아 있는 굴을 바다에서 키우겠다는 사업이다. 뉴욕 굴의 화려했던 명성을 되찾으려고 수질 개선과 체계적인 굴 양식에 힘쓰고 있는데, 각 레스토랑과 가정에서 굴을 먹고 남은 껍데기를 그냥 버리지 않고 모아서 세척하고 자연 건조한 후 바다로 다시 돌려보내는 게 핵심적인 일이다. 굴 생산으로 인한 경제적 가치도 크지만, 굴 암초가 천연 방파제 역할을 하고 수질을 정화하는 환경적 기능에 눈을 뜬 탓이기도 하다.

뉴욕 오이스터 바와 해피아워

그럼에도 뉴욕은 싱싱한 굴을 먹기에 가장 좋은 곳이다. 무엇보다도 뉴욕은 '그랜드 센트럴 오이스터 바Grand Central Oyster Bar' 같은 전통 있는 레스토랑(1913년에 문을 열어 지금까지 영업 중이다)을 비롯해 유명

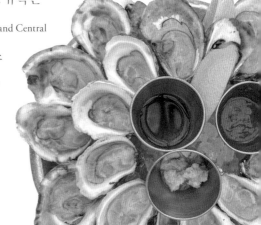

한 오이스터 바가 많은 도시다. 오이스터 바에서 굴만 먹는 것은
아니다. 생굴을 선택할 수 있는 로 바raw bar 메뉴 말고도 찐 로브스
터나 새우 같은 다양한 해산물 요리를 즐길 수 있다. 클램차우더
수프 같은 간단한 애피타이저를 내놓기도 한다.

　뉴욕에서 '해산물 레스토랑seafood house'이라고 하면 굽거나 튀긴 해산물에 소스를 곁들여 내는 곳이 많다. 해산물이라는 단어만 보고, 한국에서처럼 각종 신선한 해산물이 나오려니 하고 반가운 마음에 들어갔다가는 실망하게 된다. 한국의 횟집에서처럼 신선한 해산물을 즐기고 싶다면 '로 바raw bar'인지 확인해야 한다. 그래서 생굴을 먹고 싶어하는 사람들은 오이스터 바에 가는 것이다.

따라서 오이스터 바를 일부러 찾는 사람들은 날것에 거부감이 없는 경우가 많지만, 간혹 날것에 익숙지 않은 사람들을 위해 굴 튀김을 애피타이저로 내주는 곳도 있다. 굴에 빵가루를 묻혀 바삭하게 튀긴 다음 마요네즈 소스를 얹어 내주는데, 식전에 입맛을 돋우면서 맥주나 와인 한 모금 들이켜기에 좋다. 이어 굴을 주문하면 오이스터맨이 산더미처럼 쌓여 있는 굴 무더기 앞에서 껍데기를 까기 시작한다. 빠르면서도 조심스러운 손길을 보고 있노라면 그들의 전문성에 경외심마저 느끼게 된다.

껍데기에 담긴 굴이 잘게 부순 얼음 위로 놓인다. 여기에는 4분의 1 크기로 썬 레몬 몇 조각과 세 가지 소스가 곁들여진다. 달짝지근한 칵테일소스, 쌉쌀한 호스래디시horseradish 소스, 매콤한 핫소스다. 먹는 법은 간단하다. 레몬을 짜 굴 위에 고루 즙을 뿌린 다음, 원하는 소스에 찍어 먹으면 된다. 어떤 이들은 마치 자기만의 소스 비법인 양 세 가지 소스를 전부 섞기도 한다.

오이스터 바에 간다면 '오이스터 해피아워'를 놓칠 수 없다. 6센트에 무제한으로 굴을 제공했던 캐널 스트리트 플랜에 비할 수는 없지만, 특정 시간 동안 굴을 싸게 판매하는 이벤트다. 보통 하나당 3~5달러인 굴 가격이 해피아워에는 하나당 1~1.5달러로 내려간다. 해피아워는 본격적으로 저녁 장사가 시작되기 전인 오후 4시부터 7시까지 진행된다. 해당 시간에는 가게 앞에 표시를 해놓곤 한다.

대부분의 오이스터 바에서는 테이블 자리가 아닌 바 자리에서만 할인된 가격으로 굴을 내주기 때문에, 해피아워에는 항상 바가 많은 사람으로 북적인다. 굴은 보통 12개 단위(더즌)로 판매하며, 6개 단위(하프 더즌)로도 판다.

어떤 굴을 먹을까

미국에서는 알파벳 'r'이 들어가지 않는 달인 5~8월에, 일본에서는 벚꽃이 지고 나면 굴을 먹지 말라고 하며, 한국에서는 보리가 패면 굴을 먹지 말라고 한다. 이 시기는 굴의 산란기와 일치하는데, 산란을 마치고 난 굴은 단백질이나 글리코겐의 양이 줄어 살도 적고 맛이 떨어지기 때문이다.

이 시기를 지나 굴의 제철인 9월이 되면 '뉴욕 오이스터 위크 New York Oyster Week'가 열린다. 이때는 미국 전역에서 나는 여러 종류의 굴(300여 종에 이르는데, 뉴욕에서 주로 판매되는 굴은 30여 종이다)이 뉴욕으로 모인다. 이 굴은 크게 '동부 굴'과 '서부 굴'로 나

넌다. 아쉽게도 아직은 뉴욕 연안의 굴을 예전처럼 먹을 수 없기에, 다른 지역의 굴들을 동부와 서부로 나눠 들여오는 것이다.

당연하게도 동부 사람들은 동부 굴이, 서부 사람들은 서부 굴이 더 맛있다고 자랑한다. 동부 굴은 껍데기가 두껍고 단단하며 길쭉한 모양새를 하고 있다. 강한 바다 향과 쫄깃한 식감이 특징인데, 살이 흐물거리지 않아 생굴로 먹기에 적당하다. 특히 뉴욕 롱아일랜드 남쪽에서 채취되는 '블루 포인트Blue Point'는 다른 굴보다인기가 많다. 블루 포인트는 롱아일랜드 남단 그레이트 사우스 베이Great South Bay에서 1815년부터 채취하기 시작했는데, 굴이 유명해지자 이 지역의 마을 이름인 '블루 포인트'로 유명해졌다. 특별한 굴 맛 때문에 뉴욕, 뉴저지, 코네티컷의 굴 양식장에서 블루 포인트 오이스터를 길렀고, 이후 뉴욕 인근에서 가장 인기 있는 굴로 성장했다. 반면, 서부 굴은 매우 부드러운 식감이 특징이다. 한국에 서식하는 굴과 같은 '참굴'이며, 동부 굴에 비해 바다 향이 약하지만 단맛이 느껴진다.

가보자, 오이스터 바!

뉴욕의 오이스터 해피아워를 제대로 맛보기에는 '업스테이트 Upstate'가 제격인데, 오후 5시부터 7시까지 진행되는 해피아워에는 굴과 맥주를 비교적 저렴한 가격에 즐길 수 있다. 뉴욕 인근에서

들여온 다양한 굴을 전문적으로 판매하는 곳으로, 신선한 굴과 뉴욕 주에서 생산된 수제 맥주의 조화를 느낄 수 있다.

전통적인 오이스터 바를 찾고 싶다면 그랜드 센트럴 터미널에 있는 '그랜드 센트럴 오이스터 바'로 향하자. 1913년에 문을 열어 100년 넘게 이어온 이곳은 뉴욕의 오이스터 바 중 가장 상징적인 곳으로 꼽힌다. 고풍스러운 실내 디자인과 오래전부터 거래하던 굴 양식장에서 받아 온 굴들을 맛볼 수 있다. 클램차우더, 크랩 케이크 같은 클래식한 느낌의 미국 음식도 만나볼 수 있어 굴을 즐기지 않는 일행과 함께 가기에도 좋다.

그랜드 센트럴 오이스터 바Grand Central Oyster Bar
주소 89 E 42nd St, New York, NY 10017
전화 212-490-6650
영업시간 월-금 11:30~21:30, 토-일 휴무

업스테이트Upstate
주소 95 1st Ave, New York, NY 10003
전화 646-791-5400
영업시간 화-목, 일 17:00~22:00, 금-토 17:00~22:30, 월 휴무

4

뉴욕의
소울푸드

미국의 모든 바비큐를
한데 모아놓은 뉴욕 바비큐

미국인들이 가장 사랑하는 스포츠인 미식축구 경기가 열리는 날이면 흥미로운 광경이 펼쳐진다. 경기는 보통 오후 4~5시에 시작하는데, 이미 몇 시간 전부터 사람들이 와서 경기장 주차장에서 바비큐를 굽는다. 불을 피우고 연기를 내는 것에 관한 법규와 단속이 까다로운 미국이지만, 이 순간만큼은 자유롭다. 경기장에서 바비큐를 즐기는 건 몇몇 사람의 일탈이 아니라, 경기장을 찾는 사람들 거의 대부분이 행하는 유쾌한 사전 이벤트이기 때문이다. 집채만 한 픽업트럭을 몰고 와 주차장에 세워두고, 차 트렁크를 열어 간이식탁을 만든다. 차 뒤편에 그릴을 꺼내놓고, 숯불을 피우고, 고기를 굽는다.

평소에는 요리에 관심 없는 아저씨들이지만, 바비큐를 할 때만큼은 세상 누구보다 진지한 얼굴이 된다. 별미로 소시지를 구워 핫도그를 만들어 먹는 가족이 있는가 하면, 패티를 구워 햄버거를 만들어 먹는 가족도 있다. 경기 시작 전부터 바비큐와 맥주를 즐기는 미국인들의 모습. 한국과는 조금 다른 방식으로 고기를 즐기는 미국의 바비큐 문화. 넓은 땅덩어리만큼이나 지역별로 다르게 진화한 미국 바비큐는 어떤 맛일까?

미국 바비큐 문화의 시작

날씨가 좋은 주말이면 미국 사람들은 고기를 굽는다. 마당에서 여유롭게 고기를 굽는 모습은 미국 중산층을 상징하는 한 장면이 된 듯하다. 특별한 날이 아니더라도 고기를 구워 먹는 문화 자체가 편안해 보인다. 삼겹살 두 줄만 올려놓아도 꽉 차는 작은 그릴부터 돼지 한 마리를 통째로 구울 만큼 거대한 바비큐 기계까지, 굽는 장비며 방식도 각양각색이다.

많은 사람이 이렇듯 고기 굽는 행위 자체를 바비큐로 간주하지만, 정확하게 말하면 바비큐는 장시간, 최장 열여덟 시간 정도까지 간접적인 열을 가하거나 뜨거운 연기를 쐬게 해 고기를 익히는

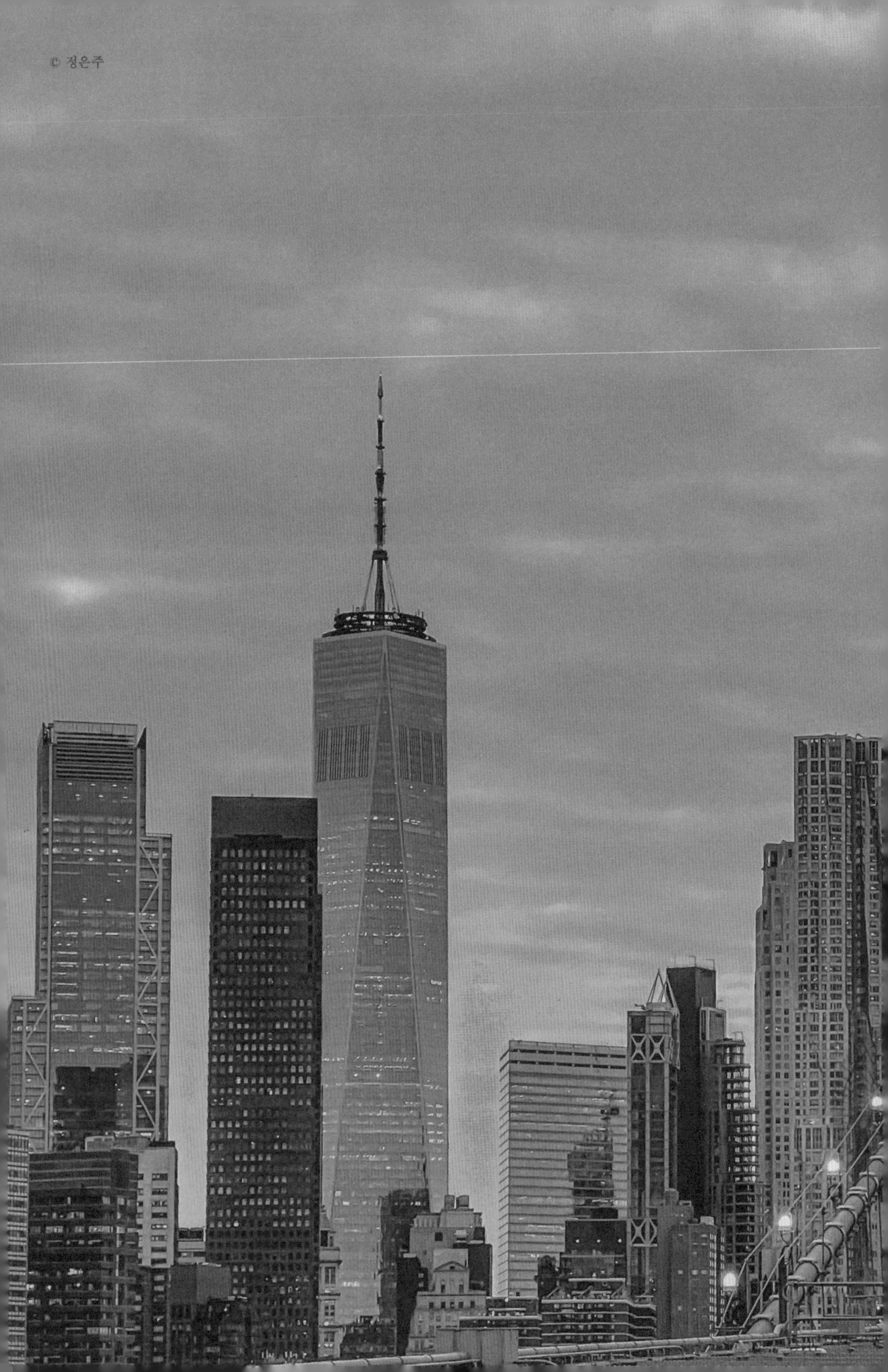

방식이나 도구, 그 결과물인 요리를 뜻한다. 오랫동안 천천히 고기를 익히면 육즙이 고스란히 살아 있는 데다 향신료 맛, 훈연 향까지 전부 합쳐진다.

바비큐는 19세기 미국 남부에서 더없이 중요한 음식이었다. 남부 바비큐는 대부분 그 지역에 정착한 이민자들과 그들이 가져온 재료들에 따라 구분된다. 예를 들어 노스캐롤라이나 바비큐는 영국에서 건너온 이민자들에 의해 그 맛과 모양이 완성되었고, 사우스캐롤라이나 바비큐는 독일인과 프랑스인에 의해 발전되었다. 이들은 자신들의 식습관에 따라 돼지고기를 비롯해 쇠고기, 닭고기, 그리고 칠면조까지 다양한 종류의 고기를 바비큐로 조리했다. 무엇보다도 바비큐는 한 번에 많은 양을 조리할 수 있었기 때문에, 여러 행사나 정치 집회 등 많은 사람이 모이는 곳에 빠지지 않고 등장하는 음식이 됐다.

바비큐가 미국 전역으로 퍼져나간 계기는 노예 해방이었다. 남부 지역에 거주하던 아프리카계 미국인들은 남북전쟁 이후 미국의 산업화 물결을 따라 서부와 북동부로 이주했다. 이 이주 과정에서 그들은 자신들의 바비큐 레시피를 가져왔고, 남부 음식이었던 바비큐는 곧 미국 전역에서 먹는 음식으로 변모했다.

미국의 4대 바비큐

미국에는 '바비큐 벨트Barbecue Belt'로 알려진 지역이 네 곳 있다. 캐롤라이나, 텍사스, 테네시(멤피스), 미주리(캔자스시티)인데, 저마다 독특한 바비큐 전통을 자랑한다. 캐롤라이나 주와 테네시 주 멤피스는 돼지고기 바비큐를 즐겨 먹는다는 공통점이 있으며, 미주리 주 캔자스시티와 텍사스 주에서는 돼지고기뿐만 아니라 다양한 고기를 바비큐로 해 먹는다. 미국 전역에서 바비큐를 즐기지만, 이들 지역의 바비큐 사랑은 별나다면 별나다. 즐기는 바비큐의 특징도 명확해, 뉴욕 양키스 팬과 보스턴 레드삭스 팬이 극렬하게 대치하듯이, 테네시 사람들은 절대 텍사스 바비큐를 먹지 않으며, 마찬가지로 텍사스에서도 멤피스 바비큐를 찾아보기 힘들다. 한편, 캐롤라이나 사람들은 텍사스에서 먹는 쇠고기 바비큐나 켄터키의 양고기 바비큐는 정통 바비큐가 아니며 자신들의 돼지고기 바비큐만이 정통이라고 주장한다. 미국(서부 제외)에서 동서남북으로 펼쳐져 자신의 바비큐가 최고라고 부르는 사람들, 그 바비큐 벨트에 관해 조금 더 알아보자.

엘비스 프레슬리, 비비 킹 등을 배출해 미국 대중음악의 고향으로 잘 알려진 멤피스에서 음악만큼이나 유명한 것이 다름 아닌 바비큐다. 멤피스 바비큐는 돼지갈비rib 바비큐와 바비큐 샌드위치, 이 두 가지로 대표된다. 돼지갈비 바비큐는 소스를 발라 굽는

고기만큼 중요한
숯의 시작

맛있는 바비큐를 만들려면 간접 열로 장시간 고기를 익혀야 하는데, 가정에서 이런 작업을 하기는 대단히 어렵다. 이런 이유로 자연스럽게 바비큐 전문점들이 생겨났고, 점심시간에도 갓 익힌 부드러운 고기를 빵에 싸 먹을 수 있게 되었다.

바비큐의 대중화에는 숯의 보급이 필수적이다. 지금은 흔하게 사용하는 바비큐용 숯인 '킹스퍼드Kingsford'는 1920년대 에드워드 조지 킹스퍼드Edward George Kingsford가 만들었다. 그는 자동차 왕 헨리 포드Henry Ford의 친척으로, 미시간 북부의 포드 자동차 부품 공장을 담당하고 있었다. 어느 날 그는 포드의 '모델 T'를 생산하는 라인에서 엄청난 양의 나무 조각들이 버려지는 것을 확인하고, 숯으로 가공·판매할 것을 제안했다. 회사는 품질 좋은 나무들을 구워 숯을 만들었다. 아쉽게도 킹스퍼드의 사망 후에야 바비큐용 숯 사업은 급성장했고, 회사는 그를 기리는 마음에서 여전히 '킹스퍼드'라는 브랜드를 이어가고 있다.

웨트wet와 가루 양념을 발라 굽는 드라이dry로 나뉜다. 하지만 멤피스 바비큐를 진정으로 상징하는 건 바비큐 샌드위치다.

멤피스 바비큐 샌드위치는 돼지고기 어깻살에 파프리카, 마늘, 양파 가루를 섞은 시즈닝을 바른 뒤 낮은 온도에서 열두 시간 정도 익혀 잘게 찢은 풀드 포크pulled pork를 빵에 싸 먹는 간단한 음식이다. 샌드위치를 먹기 전 멤피스식 바비큐 소스를 듬뿍 뿌려야 하는데, 이 소스에는 멤피스 지역의 명물인 설탕과 케첩, 식초가 듬뿍 들어 있어 새콤달콤한 맛이 일품이다. 멤피스 지역에서는 과거부터 사탕수수 재배가 많이 이뤄져 설탕이 흔했고, 이를 케첩과 섞어 맛있는 바비큐 소스를 만든 것이다.

캔자스시티 바비큐는 남북전쟁 이후 남부에서 건너온 많은 아프리카계 미국인들에 의해 그 모습을 갖추게 되었다. 남부의 각 지역에서 캔자스시티로 온 사람들은 다양한 고기를 바비큐로 조리해 소스를 곁들여 먹었는데, 이 가운데서도 1900년대 초 멤피스 출신인 헨리 페리Henry Perry가 캔자스시티에서 문을 연 바비큐 가게의 매콤한 바비큐 소스는 캔자스시티를 넘어 미주리 주를 대표하는 음식으로 자리 잡았다.

헨리 페리는 '캔자스시티 바비큐의 아버지'로 여겨지며, 그의 레스토랑은 1920년대와 1930년대 캔자스시티의 재즈음악이 전성기를 구가할 때 주요 문화 거점이 되어 많은 관광객이 몰리기도 했다. 당시 그는 오크oak 나무와 히커리hickory 나무로 천천히 훈제한 바비큐를 신문지에 싸 25센트에 판매했다. 진붉은색의 캔자스시티 바비큐 소스는 토마토와 설탕, 칠리 파우더, 식초가 들어가 달콤하면서도 느끼하지 않은 맛을 낸다. 식초의 새콤한 맛보다는 전반적으로 달콤한 맛이 강한데, 소스만 먹을 때보다 담백한 고기와 어우러졌을 때 좀 더 맛깔스러워진다. 캔자스시티 바비큐는 먼저 커민과 셀러리, 소금 등 여러 종류의 향신료를 섞은 드라이 시즈닝(럽rub이라 부르는 가루 양념)을 고기에 바른 뒤 다양한 종류의 나무를 땐 불 위에서 은은하게 훈연한다.

캔자스시티 도심에는 100개 이상의 바비큐 가게가 성업 중이며, 매년 열리는 '그레이트 레넥사 바비큐 배틀Great Lenexa BBQ Battle'과 '디 아메리칸 로열 월드 시리즈 오브 바비큐The American Royal World Series of Barbecue'는 미국에서 가장 큰 바비큐 행사로 알려져 있다. 바비큐 요리 대회인 이 행사는 미국 전역에서 내로라하는 바비큐 레스토랑들이 참가해 자웅을 겨룬다.

캐롤라이나 바비큐는 돼지고기를 구워 식초 베이스의 소스를 발라주는데, 돼지고기의 느끼한 맛을 균형 있게 잡아준다. 대서양 연안 지역에서는 식초와 후추로 소스를 만드는 동부 스타일을 쉽게 찾아볼 수 있다. 캐롤라이나의 바비큐 소스는 그 영향을 받았지만, 이후 이민자들의 입맛에 맞게 북쪽과 남쪽의 소스 맛이 명확하게 갈리게 되었다.

노스캐롤라이나 주에서는 홀호그whole hog(호그는 82kg 이상의 거세한 돼지다)라 불리는 커다란 돼지의 모든 부위를 바비큐한 뒤 잘게 다지거나 뭉쳐서 먹는 것이 특징이다. 특히 영국 이민자들이 많이 거주했던 노스캐롤라이나 주에서는 식초와 토마토, 설탕을 섞어 만든 새콤한 소스를 바비큐에 뿌려 먹는데, 프랑스와 독일 이민 인구가 많았던 사우스캐롤라이나 주의 머스터드 베이스 소스와는 맛과 색이 확연하게 다르다. 노란 머스터드에 식초, 흑설탕 등을 섞어 '캐롤라이나 골드 소스Carolina gold sauce'라 불리는 노란색 바비큐 소스는 사우스캐롤라이나를 상징하며, 내륙인 컬럼비아나 찰스턴 등에서 쉽게 찾아볼 수 있다.

텍사스는 광활한 면적만큼이나 여러 가지 맛과 모양의 바비큐가 유명하지만, 현재 텍사스 바비큐 하면 떠올리는 것은 돼지갈비와 쇠고기 양지 바비큐다. 쇠고기 양지 부위를 오랫동안 훈제해

시꺼매질 때까지 굽는 바비큐는 한국 언론에도 등장했을 만큼 인기 있다. 주문을 하면 따끈따끈한 쇠고기를 2~3밀리미터 정도로 얇게 썬 뒤 흰빵이나 옥수수의 거친 맛이 살아 있는 콘브래드corn bread 위에 올려 내주는데, 이를 피클과 함께 먹는 맛은 가히 일품이다. 미국의 피클은 한국의 달콤한 피클과 달리 시큼하고 짠데, 바비큐 고기와 잘 어울린다.

먹어보자, 뉴욕의 바비큐!

바비큐는 미국인이 사랑하는 음식 가운데 하나이지만, 뉴요커들은 불과 10여 년 전까지만 해도 지금처럼 바비큐를 즐기지 않았다. 기껏해야 프랜차이즈 바비큐 전문점이 타임스퀘어 주변에 있는 정도였고, 유명한 바비큐 레스토랑은 손에 꼽을 만큼 적었다. 맨해튼의 높은 임대료를 비롯해 숯이나 나무 장작을 사용할 수 없는 규제 탓이기도 했다. 이런 이유로 뉴욕에서 바비큐 레스토랑들은 비교적 규제가 느슨하고 임대료가 낮은 브루클린 지역에 자리 잡았다.

이 때문에 뉴욕식 바비큐는 '브루클린 바비큐'라 불리는데, 미국 내 모든 바비큐 종류를 한데 모아놓은 것이 특징이다. 브루클린 바비큐의 기본적인 조리법은 중부 텍사스 바비큐를 약간 변형한 것으로, 여러 향신료를 섞어 만든 시즈닝을 고기에 듬뿍 바른 뒤 오랫동안 훈연한다. 고기가 잘 익으면 식육점에서 사용하는 갈색 종이를 한 장 깔고, 그 위에 저민 고기와 피클, 코울슬로 등을 담아서 낸다. 여기에 다른 지역에서 사용하는 어떤 소스든 곁들일 수 있다. 여러 지역에서 이주해 온 이들이 많은 뉴욕이기에 가능한 일이 아닐까.

　뉴욕에서 가장 잘 알려진 바비큐 가게는 브루클린에 위치한 '홈타운 바비큐Hometown Bar-B-Que'다. 성공한 레스토랑 사업가인 크리스토퍼 밀러Cristopher Miller와 바비큐 전문가 빌리 더니Billy Durney가 함께 열었는데, 텍사스 스타일의 쇠고기 양지 바비큐부터 노스캐롤라이나의 돼지고기 바비큐까지 모든 종류의 바비큐를 한자리에서 즐길 수 있다.

　한국에서는 '뉴욕의 백종원'이라고도 부르는 대니 마이어Danny

Meyer의 '블루 스모크Blue Smoke'에서는 루이지애나식 바비큐를 맛볼 수 있다. 뉴욕식 세련된 인테리어에 남부의 거친 느낌을 전해주는 소품으로 포인트를 주었다. 일곱 가지의 후추를 섞어 만든 럽을 고기에 발라 구워 맛을 낸다.

유명 드러머에서 요리사로 전향한 휴 맨검Hugh Mangum의 바비큐 레스토랑 '마이티 퀸스Mighty Quinn's'는 파프리카 럽을 발라 스물두 시간 동안 천천히 구워낸 바비큐로 유명하다. 뉴욕에서 매주 열리는 스모가스버그Smorgasburg 푸드마켓에 오랜 기간 참가해 인기를 얻었다.

홈타운 바비큐Hometown Bar-B-Que
주소 454 Van Brunt St, Brooklyn, NY 11231
전화 347-294-4644
영업시간 화-목, 일 12:00~22:00, 금-토 12:00~23:00, 월 휴무

블루 스모크Blue Smoke
주소 255 Vesey St, New York, NY 10282
전화 212-889-2005
영업시간 월-수 11:30~21:00, 목-금 11:30~22:00, 토 11:00~22:00, 일 11:00~21:00

마이티 퀸스Mighty Quinn's
주소 103 2nd Ave, New York, NY 10003
전화 212-677-3733
영업시간 월-목, 일 11:30~21:00, 금-토 11:30~21:30

뉴욕에서
한국식 바비큐는
어떨까

2017년, 한국에서도 어마어마하게 유명한 요리사 고든 램지가 뉴욕의 한국 음식점에서 목격됐다. 뉴욕의 한국식 바비큐 레스토랑으로는 유일하게 미슐랭 1스타를 받은 '꽃Cote'이었는데, 식사를 마친 고든 램지는 한국식 바비큐에 독특한 매력이 있다고 평했다.

최근 뉴욕에는 한국식 바비큐 열풍이 불고 있다. 10년 전만 해도 '코리안 바비큐' 하면 뉴저지나 뉴욕의 플러싱 지역에서 싼값에 고기를 구워 먹는 것이라는 인식이 있었는데, 이제는 불판을 놓고 둘러앉아 아시아 문화를 즐기는 방식이라는 인식으로 변화하고 있다. 이 때문인지, 이제는 한인타운을 벗어나서도 꽤 많은 한국식 바비큐 레스토랑을 찾아볼 수 있다.

아쉽게도 맨해튼의 환경 규제로 숯불을 사용할 수 없기에 한국식 숯불구이를 즐기는 곳은 한정되어 있다. 과거에 라이선스를 받은 곳만 유지가 가능하며, 숯불을 사용하기 위해 신규 라이선스를 받는 것은 불가능하기 때문이다. 그렇지만 달콤하게 양념이 밴 갈비며 두툼한 삼겹살 등 한국식 바비큐 맛에 반한 이들은 연신 소주잔을 기울인다.

그런데 미국에서는 한국에서와 달리 손님이 고기를 굽는 일은 일절 금지된다. 고기를 굽다가 발생할 수 있는 사고에서부터 고기가 타는 것까지 모두 음식점에서 책임져야 하기 때문이다. 이는 한국 음식점뿐만 아니라 모든 음식점에 해당되는 규제다.

흑인들의 소울푸드,
미국인의 치킨 사랑

미국의 2월 첫째 주 일요일은 닭들에게는 대단히 슬픈 날이다. 미국에서는 슈퍼볼을 보면서 치킨 윙*을 먹는 문화가 있기 때문이다. 매년 슈퍼볼 시즌이 되면 슈퍼마켓은 물론 스포츠 바, 펍, 일반 식당에서도 치킨 윙을 예약 받는 홍보물을 심심찮게 볼 수 있다. 치킨 윙을 예약까지 해서 먹는다니, 배달전화나 배달 앱으

---

* 한국 치킨집에서 윙이라는 이름으로 판매하는 것은 닭날개 전체가 아니라 닭봉, 즉 날개의 윗부분이다. 이에 비해 미국에서 윙은 두 가지를 모두 일컬으며, 1st joint, 2nd joint로 구분한다.

로 모든 것을 해결하는 한국에서는 낯설게 느껴질 법하지만, 이는 치킨 윙이 그야말로 '날개 돋친 듯' 팔려나간다는 방증이기도 하다. 2022년에는 슈퍼볼이 열린 날 하루에만 14억 2,000만 개의 치킨 윙이 팔려나갔다고 한다.

프라이드치킨의 슬픈 유래

지금이야 언제 어디서나 쉽고 간편하게 즐기며 날개면 날개, 다리면 다리처럼 부분육으로 구입할 수 있게 된 프라이드치킨이지만, 사실 가슴 아픈 과거를 보여주는 음식이기도 하다. 미국에 노예제가 존재하던 시절, 남부 농장주들이 로스트 치킨을 먹는 날이면 살코기가 적은 목이며 날개 같은 부위는 노예들에게 돌아갔다. 하지만 노예들에게는 오븐 같은 복잡한 조리 도구가 없을뿐더러, 살코기는 적고 뼈가 많은 부위는 삶아 먹기에도 마땅치 않았다.

다만 이 시기 미국 남부에서는 양돈업이 발달해 돼지비계를 구하기 쉬웠고, 이를 정제해 만든 기름인 라드lard도 풍부했다. 목화 농사를 지었기에 면실유도 넉넉했다. 불이 있었

고 팬이 있었으며 무엇보다 기름이 풍부했다. 요컨대 튀김을 만들기에 완벽한 조건이었던 것이다.

이 시기 전까지는 프라이팬에 기름을 자작하게 두르고서 뼈를 발라낸 살코기를 한쪽 면씩 튀겨냈다면(팬 프라잉pan frying) 기름이 풍부해짐으로써 조각 낸 닭고기를 기름에 푹 담가 튀겨낼(딥 프라잉deep frying) 수 있게 된 것이다. 팬 프라잉한 닭고기는 맛이 균일하지 못하고 기름에 절여진 느낌이 난 반면, 딥 프라잉으로 바뀌면서 겉은 확실하게 바삭하면서 속은 촉촉하게 유지되었으며 조리 시간도 단축되었다. 이렇게 만들어진 닭 요리는 먹음직스러웠다. 프라이드치킨을 사랑하는 모든 사람이 알다시피, 튀긴 닭은 구웠을 때보다 육즙이 덜 빠져 촉촉하고, 맛과 향이 더 강해지며, 가는 뼈는 튀기는 동안 부드러워져 씹어 먹을 수도 있다. 기름에 튀겼으니 포만감은 말할 것도 없다.

사실 노예들이 프라이드치킨을 먹을 수 있었던 건 닭이 흑인에게 허락된 유일한 육류였기 때문이다. 노예제가 합법이었던 시절 흑인 노예가 사육할 수 있었던 유일한 가축이 닭이었다. 농장주 가족이 먹지 않는 부위를 먹을 만큼 비참한 처지였지만, 아주 특별한 날이면 기르던 닭을 잡아먹을 수 있었다. 노예 해방 이후에도 여전히 차별을 받던 흑인들은 소나 돼지처럼 많은 사료가 필요한 가축을 기르기가 어려웠다.

그렇다면, 미국 남부에서 흑인들이 먹던 프라이드치킨은 어떻게 모든 미국인이 먹는 대중적인 음식이 됐을까? 냉장 시설이 발달하지 않았던 시절, 치킨은 상대적으로 보존하기 좋은 음식이었으며(요컨대 상업화하기 좋았다), 남북전쟁 이후에는 레스토랑에서 요리사로 일하는 흑인들이 많아지면서 프라이드치킨을 내놓는 레스토랑 수도 늘어났다. 여기에 결정적인 역할을 한 것이 바로 KFCKentucky Fried Chicken다. 창업주인 커널 샌더스Colonel Sanders는 켄터키 주 코빈Corbin에서 닭튀김 요리를 팔았는데, 이것이 인기를 끌자 1952년 유타 주 솔트레이크시티Salt Lake City에 '켄터키 프라이드치킨', 즉 KFC를 열었다. 그 이름과는 달리 유타 주에서 출발한 KFC는 미국 전역에 빠른 속도로 퍼져나가면서 프라이드치킨을 대중적인 음식으로 만들었고, 햄버거 일색이던 패스트푸드 업계에서 순식간에 한자리를 꿰찼다.

후라이드치킨과 프라이드치킨

치킨집마다 가지각색이기는 해도, 한국의 '후라이드치킨'은 토막 낸 닭을 튀겨 팔면서도 판매 단위는 '마리'다. 즉 한 마리, 반 마리, 두 마리, 이렇게 주문한다. 그러나 미국에서는 치킨을 여덟 조각8cut chicken으로 토막 내서 조각이나 통bucket 단위로 파는데, 미국 닭이 한국 닭보다 기본적으로 크기 때문에 조각도 크다. 한국에서는 브랜드마다 일정한 크기의 닭을 사들여 부위별로 조각 내

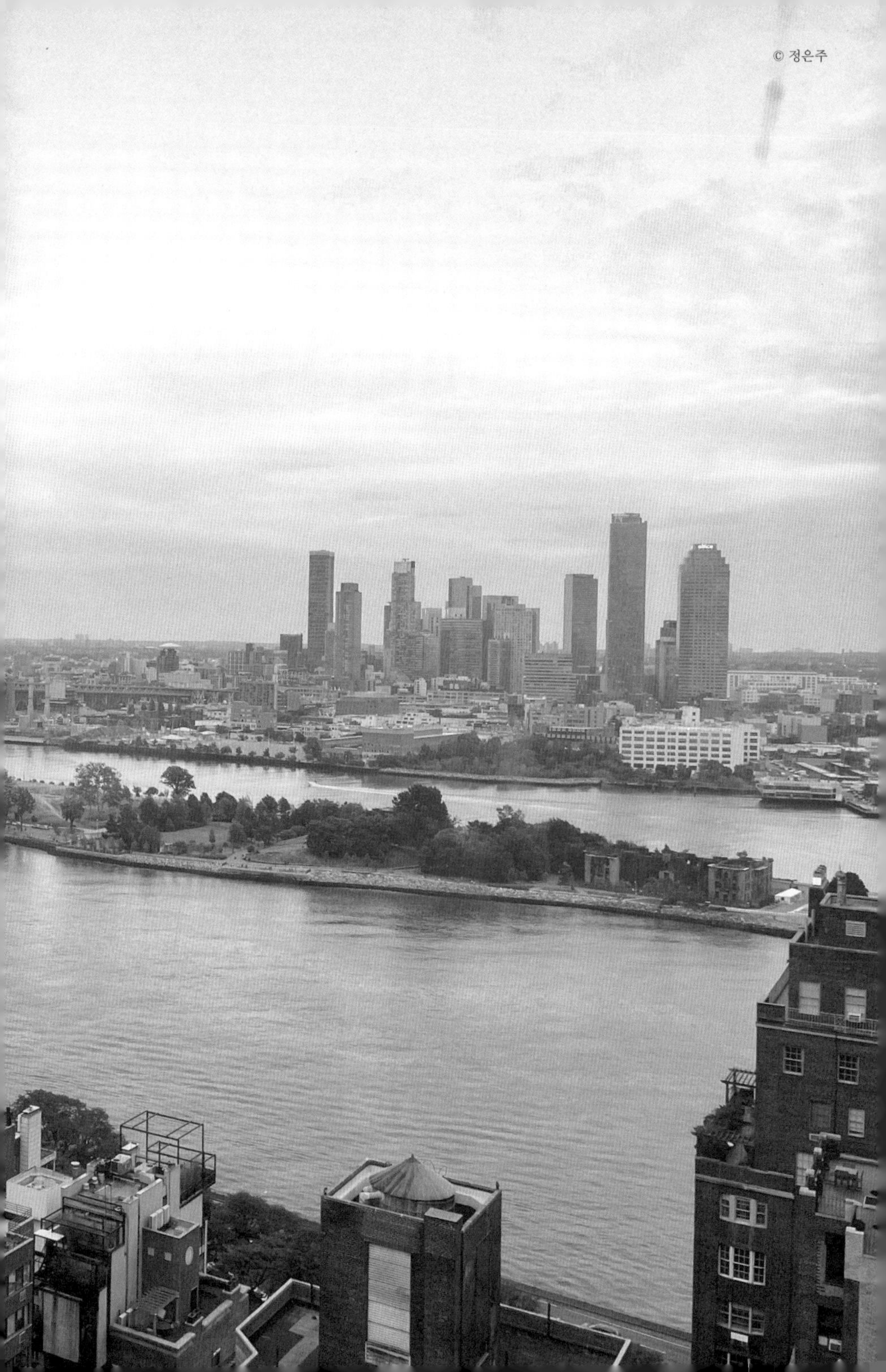

튀긴다. 이와 달리, 미국에서는 라지, 미디엄, 스몰 등으로 크기가 다른 닭을 부위별로 튀긴다. 요컨대 한국에서는 조각의 수로, 미국에서는 조각의 크기로 양을 조절한다.

또한, 한국의 후라이드치킨은 튀김옷이 얇은 편이다. 반면, 미국식 프라이드치킨은 어떤 맛을 상상하든 더 진하고 기름지다. 한국에서는 '기름진' 맛이라는 것이 부정적인 평가에 속하지만, 미국에서는 그렇지 않다. 페퍼로니를 잔뜩 얹은 피자, 치즈를 얹은 프렌치프라이는 미국인이 사랑하는 맛이다. 버터밀크를 넣고 반죽한 튀김옷을 입혀 튀긴 미국식 치킨은 그야말로 거대하고 기름지다. 버터밀크는 말 그대로 (밀크)크림에서 버터를 만들고 남은 액체인데, 버터밀크를 반죽에 사용하면 좀 더 고소하고 진한 맛을 낼 수 있다.

이와 같은 남부 스타일의 프라이드치킨은 윙 전문점, 혹은 슈퍼마켓 안의 푸드코트, 델리마켓 등 미국 전역에서 쉽게 찾아볼 수 있다. 튀김옷에 소금을 많이 넣어 짠맛이 강한 것이 특징이라 음료 없이 치킨만 먹기는 쉽지 않다.

미국의 프라이드치킨은 싼값에 허기를 달래려는 이들의 끼니로도 사랑받는다. 한국에서 후라이드치킨은 1인용이 아닌 여럿이 먹는 음식, 맥주에 곁들이는 안주지만, 미국에서는 식사를 위한 음식이라는 차이점이 있다. 술을 마실 때 오직 술만 마시는 문화인 것도 한몫하는데, 술안주로 치킨이 필요하다면 스포츠 바나 펍에서 주문하는 윙 이상을 찾기는 힘들다.

닭을 다리, 날개, 허벅지chicken thigh(다리와 날개 사이), 가슴살로 나누는 것은 한국과 비슷하지만, 미국인들에게 가장 인기 있는 부위는 다름 아닌 닭날개다. 닭다리를 누가 먹을지를 놓고 신경전을 벌이는 한국과 달리, 미국에서는 누구나 치킨 윙, 즉 닭날개를 먼저 집어 든다. 편의점, 펍, 호텔의 룸서비스 메뉴 등 캐주얼한 식당에서 치킨 윙은 '무조건' 있어야 하는 메뉴 중 하나다. 미국의 닭날개는 한국의 것보다 크고 살이 많기 때문에 뜯어 먹기 좋다. 반대로 한국 사람들이 즐겨 먹는 닭다리는 너무 크고 살이 질겅거린다는 인식 탓에 미국에서는 닭고기 부위 중 가장 싼값에 판매된다.

지금처럼 튀김옷을 입혀 튀기는 '후라이드치킨'이 유행하기 전, 한국의 닭튀김 요리는 튀김옷 없이 닭 한 마리를 통째로 기름에 튀기는 소위 '시장 통닭'이었다. 통닭을 튀기는 것은 아니지만, 미국에도 튀김옷 없이 튀기는 닭튀김 요리가 있다. 유명한 치킨 프랜차이즈인 '윙 스탑Wing Stop'에서는 염지한 닭을 그대로 기름에 튀긴 뒤 소스를 발라 내놓는데, 이런 방식은 튀김옷을 묻혀 튀기는 것보다 맛이 가볍고 조리법이 간단해 스포츠 바나 펍에서 많이 사용한다.

치킨 윙 하면 '버펄로 윙'

윙 하면 떠오르는 이름이 하나 있다. 빨간색 옷을 입은 닭날개, 바로 버펄로 윙Buffalo wing이다. 한번 중독되면 끊을 수 없는 맛으로, 바나 펍에서 내놓는 빠지지 않는 술안주이기도 하다. 한국에서 그렇듯이, 미국에서도 피자집 사이드 메뉴로 마련된 경우가 많다. 피자 하나만 먹기 허전할 때, 버펄로 윙을 추가하면 딱이다. 냉동 제품으로도 많이 먹는데, 냉동실에서 꺼내 오븐에 넣고 5분만 데우면 따끈따끈한 버펄로 윙이 완성된다.

'치킨 윙'은 튀긴 닭날개(마일드한 맛이 될 수도 있고 마늘 맛이 될 수도 있는)를 총칭하는데, 버펄로 윙은 이름 그대로 버펄로 소스를 더한 치킨 윙이다. 이 소스는 카옌고추cayenne pepper(빨간색을 내는 재료로, 미국에서 즐겨 사용하는 향신료 중 하나다)를 베이스로 한 핫소스에 식초, 버터를 섞어 만든다(여기에 소금, 마늘 가루 등이 들어가며, 간혹 우스터소스가 들어갈 때도 있다). 흔히 셀러리, 블루치즈 드레싱과 함께 먹는다. 치킨에, 셀러리에, 콤콤한 냄새가 나는 블루치즈 드레싱이라니, 좀처럼 상상하기 어려운 맛이다. 프라이드치킨에 달달한 양념을 입혀 먹는 한국인 입맛에는 안 맞을 수도 있다. 그렇지만 진하고 느끼한 블루치즈 드레싱과 시큼한 버펄로 윙은 생각보다 잘 어울린다.

이 버펄로 윙은 어떻게 시작된 걸까? 물소buffalo가 식재료로 쓰인 것도 아닌데, 어째서 버펄로 윙이라는 이름이 붙은 걸까? 여러 가지 설 가운데 가장 유력한 것은 뉴욕 주 버펄로 시에서 만들어졌기 때문에 붙은 이름이라는 것이다. 버펄로 윙은 버펄로 시에 살던 테리사 벨리시모Teresa Bellissimo가 자신의 가게 '앵커 바Anchor Bar'에서 1964년 처음 만들었다고 알려져 있다. 금요일 저녁이면 밀려드는 많은 손님에게 내놓을 만한 특별한 안주가 필요했는데, 당시만 해도 저렴하고 인기 없는 부위였던 닭날개를 튀겨 매운 소

스에 담갔다가 내준 것이 시작이라는 것이다(버펄로 윙의 인기는 닭 날개 가격이 상승하는 요인이 됐다). 버펄로 윙을 내며 간단하게 채소 도 곁들였는데, 그것이 지금까지 버펄로 윙에 꼭 따라오는 당근과 셀러리, 블루치즈 드레싱이었다.

버펄로 시에서 인기를 끈 버펄로 윙은 1970~80년대에 미국 전 역과 캐나다로 퍼져나갔다. 바에서 애피타이저나 안주로 쉽게 찾 아볼 수 있는 메뉴가 됐고, 버펄로 윙을 전문으로 하는 대형 프랜 차이즈도 생겨났다. 버펄로 와일드 윙스Buffalo Wild Wings는 1982년 에, 후터스Hooters는 1983년에 문을 열었다. 이어 1990년대에 도미 노피자, 피자헛 등 대형 피자 프랜차이즈에서도 버펄로 윙을 메뉴 에 추가했다. 내가 미국으로 유학 와 존슨 앤 웨일스Johnson & Wales 대학교에서 공부하던 때에도, 금요일 저녁마다 도미노피자와 버 펄로 윙을 주문해 먹곤 했다. 피자와 윙의 세트 메뉴는 피자 전문 점 어디에서도 쉽게 찾아볼 수 있다.

먹어보자, 뉴욕의 프라이드치킨!

할렘의 밤거리, 드물게 보이는 불 켜진 식당에서 사람들이 손에 들고 있는 건 프라이드치킨이다. 언뜻 보기에도 한국의 치킨보다 훨씬 크다. 미국 사람들도 한국 사람처럼 치킨을 먹을 때면 양손 을 모두 사용하는데, 뼈에 붙은 살코기를 조금이라도 더 꼼꼼하게 발라 먹으려는 모습 역시 우리와 다를 바 없다. 프라이드치킨이 미국 남부에서 흑인 노예들의 음식으로 시작해서인지, 흑인들이 밀집해 사는 할렘 거리에는 유독 프라이드치킨을 즐기는 이들이 많다.

할렘의 중심인 마커스 가비 파크Marcus Garvey Park 옆 125번가 역 주변에는 많은 가게가 몰려 있는데, 그 가운데서도 유독 '케네디 프라이드치킨 앤 버거스Kennedy Fried Chicken & Burgers'가 눈에 띈다. 뉴욕뿐 아니라 뉴저지에서도 꽤 유명한 로컬 프라이드치킨 가게로, 약간은 촌스러운 빨간색 바탕에 흰색 글자의 간판이 시선을 끈다. 이곳을 지나다 치킨을 먹지 않고는 갈 수 없게끔 가게 문은 항상 열려 있고, 벽은 다양한 치킨 사진과 가격이 쓰인 메뉴로 빼곡하다. 뉴욕 할렘 거리의 덩치 큰 흑인들이 줄을 서서 치킨을 기다리는 모습을 보고 있으면, 무서우면서도 정겨운 느낌이 들곤 한다.

핫 윙hot wings과 레귤러 윙regular wings 두 가지를 주력으로 판매하는데, 핫 윙은 약간 매운 반죽을 묻혀 튀긴 것이다. 닭날개 네 조각, 프렌치프라이, 콜라까지 해서 5달러에 판매되는 이 치킨은 뉴요커들이 흔히 먹는 음식이다. 반죽이 떨어진 부분도 보이는 등 투박하게 튀긴 이곳의 치킨은 가격이 싸고 24시간 운영되기 때문에 새벽까지 일을 한 후 퇴근하는 사람들이나 주머니 사정 가벼운 이들로 늘 붐빈다.

할렘의 또 다른 프라이드치킨 가게로 '찰스 팬 프라이드 치킨 Charles' Pan Fried Chicken'을 빼놓을 수 없다. 이곳은 그 이름처럼 팬 프라이로 닭 조각을 튀겨서 제공하는데, 팬 프라이라고 해도 우리가 상상하는 것보다 훨씬 흥건한 기름에서 닭을 지져낸, 지금처럼 '프라이드치킨=딥 프라이'가 아니던 시절의 닭튀김 맛을 즐길 수 있다.

케네디 프라이드치킨 앤 버거스 Kennedy Fried Chicken & Burgers
주소 1 W 137th St, New York, NY 10037
전화 212-862-5168
영업시간 매일 10:15~02:45

찰스 팬 프라이드 치킨 Charles' Pan Fried Chicken
주소 146 W 72nd St, New York, NY 10023
전화 646-590-0662
영업시간 월-목, 일 11:00~22:00, 금-토 11:00~23:00

뉴요커의 혈관에 흐르는
바로 그 음식

"만약 당신이 뉴욕에서 태어났다면, 당신 핏속에는 스테이크가 있을 것이다If you are a native New Yorker, steak is in your blood."

1994년 1월 21일자 《뉴욕타임스》 기사의 첫 문장이다. 농담이 아니다. 한국인에게 치킨이나 삼겹살을 열망하는 피가 흐르듯이, 뉴요커들에게는 스테이크를 갈구하는 피가 흐른다.

물론 미국은 스테이크를 발명한 나라가 아니다. 그렇지만 미국은 연간 1인당 육류 소비량이 세계 1, 2위를 다투는 나라인 동시에 쇠고기 생산량이 가장 많은 나라이며, 그만큼 쇠고기 값이 싼

나라이기도 하다. 심지어 카우보이의 나라가 아닌가. 거의 2세기전 이민자들이 광활한 신대륙의 대지에서 곡류보다 더 쉽게 기를 수 있었던 것이 바로 소였고, 이러한 이유로 미국 역사 초기부터 목축업이 번성했다.

요컨대 미국 하면 쇠고기를, 그중에서도 스테이크를 떠올리는 건 자연스러운 일이며, 스테이크 다음으로 떠올리는 건 쇠고기 패티로 만든 햄버거이니, 고기를 좋아하지 않는 사람일지라도 뉴욕을 여행할 때는 스테이크의 유혹을 물리치기가 대단히 어려울 것이다. 전 세계 모든 음식이 있다는 뉴욕에서 단 한 가지만 먹을 수 있다면, 주저 없이 꼽을 음식이 바로 스테이크니까.

스테이크하우스의 전신, 비프스테이크 연회장과 촙하우스

한국에서는 스테이크를 먹고 싶으면 패밀리 레스토랑 혹은 프렌치/이탈리안 레스토랑에 가지만, 미국에서는 스테이크하우스 steakhouse로 간다. 스테이크하우스는 다양한 종류의 스테이크를 즐길 수 있는 레스토랑을 뜻한다. 소, 닭, 송아지, 양, 흰살 생선 정도를 메뉴에 갖춰놓고 있는데, 스테이크하우스에서 주요하게 판매되는 메뉴는 쇠고기 스테이크다. 미국의 캐주얼한 식당에서도 스테이크 메뉴 한두 가지는 꼭 갖춰놓지만, 스테이크하우스는 보통 최고급 쇠고기를 먹으러 가는 고급 식당이다.

스테이크하우스의 전신으로는 비프스테이크 연회장beefsteak banquet과 촙하우스chophouse를 들 수 있는데, 둘 다 19세기 중반에 뉴욕 시에서 생겨났다. 비프스테이크 연회장은 주로 정치 문제를 이야기하는 남성들만의 공간이었다. 이 때문에 선거 입후보자들이 기부금을 모으는 장소, 또는 당선을 축하하는 파티 장소로 이용되었다. 이런 행사를 진행할 때 빵 조각 위에 얇게 썬 고기를 올린 오픈 샌드위치open sandwich를 냈는데, 사람들은 빵은 거의 먹지 않고 쇠고기만 먹었다. 입맛 까다로운 미식가들은 빵을 빼고 쇠고기만 달라고 요구하기도 했다.

촙하우스는 비프스테이크 연회장보다 조금 늦게 생긴, 대중을 위한 공간이었다. 이곳은 담소보다는 상인들과 점원들이 따뜻한 식사를 하기 위한 장소였기에, 쇠고기와 양고기 구이를 비롯해 베이컨, 구운 감자를 비롯해 애플파이, 민스파이 같은 후식 등 다양한 메뉴가 나왔다.

뉴욕의 축산물 시장, 미트패킹 지구

맨해튼의 남서쪽, 웨스트 14번가와 갠스부트 스트리트Gansevoort Street 사이에 자리 잡고 있는 뉴욕의 미트패킹 지구Meatpacking District는 뉴욕 스테이크의 역사와 함께한 곳이다. 1869년에 완공된 그리니치 스트리트 주변의 고가 철도와 허드슨 강이라는 지리적 이점 때문에, 이곳에는 1900년대까지 250여 개의 육가공 공장이 있었다. 육류의 도축, 가공, 포장, 운송 작업장이 긴밀하게 연결되어 최고급 쇠고기를 얻기에 최상의 본거지였다.

1930년대 말 조직 폭력배들이 돈을 갈취하고 세력을 키우면서 미트패킹 지구는 쇠락하기 시작했다. 또한 99년의 창고 임대 계약 기간의 만료 시기가 다가오면서, 이곳의 업자들은 뉴욕 외곽으로 혹은 브롱크스나 브루클린의 다른 시장으로 이주하기 시작했다. 1960년대 들어 생산자들은 뉴욕 시가 브롱크스에 건설한 헌츠 포인트 터미널 시장Hunts Point Terminal Market으로 눈을 돌렸다. 범죄가 빈번하게 발생하고 혼잡한 미트패킹 지구를 벗어나 좀 더 넓은 공간에서 장사를 하고 싶었기 때문이다. 현재는 단 6개 공장만 미트패킹 지구에 남아 그 명맥을 유지하고 있다.

2002년 뉴욕 시 랜드마크 보존 위원회는 이 지역을 '갠스부트 시장 역사 구역'으로 지정했고, 고급 패션 브랜드들이 입점한 첼시 마켓을 비롯해 이전과는 완전히 다른 공간으로 발전했다. 이런 모습과는 또 대조적으로, 랜드마크로 지정된 지역이어서 이곳의 건물들은 여전히 예전의 모습을 가지고 있기에 과거 뜨거웠던 미트패킹 지구를 느껴보기에도 충분하다.

이 미트패킹 지구에는 미국에서 가장 오래된 스테이크하우스인 올드 홈스테드Old Homestead가 있는데, 1868년 남북전쟁 직후 처음으로 숯불구이 스트립strip(채끝살strip loin 스테이크를 줄여서 부르는 말)을 팔기 시작했다. 이곳을 비롯해 이 시기에 문을 연 많은 스테이크하우스가 여전히 운영되고 있을 만큼 미트패킹 지구는 뉴욕 스테이크하우스의 심장이다.

뉴욕에는 킨스Keens, 팜Palm, 피터 루거Peter Luger 등 100여 년의 역사를 자랑하는 스테이크하우스가 있는데, 이 식당들의 장수 비결 중 하나는 너무 어둡지 않은 분위기와 여성들도 편안하게 즐길 수 있다는 점이었다. 이곳들에서 판매되던 메뉴는 지금의 메뉴와 거의 유사한데, 매시드 포테이토와 크림드 스피니치creamed spinach, 후식으로 나오는 치즈케이크가 스테이크하우스의 모든 테이블에 놓인다. 스테이크를 먹는 동안 미국에서 생산된 진판델Zinfandels이나 카베르네Cabernet 와인 정도를 반주로 곁들이는데, 파인다이닝 레스토랑처럼 광범위한 와인 리스트를 자랑하지는 않는다.

그중에서도 피터 루거 스테이크하우스는 미슐랭 1스타를 받은 유일한 뉴욕 스테이크하우스일 뿐만 아니라, 레스토랑 평가 기관인 '자가트 서베이Zagat Survey'가 30년 연속 '뉴욕 최고의 스테이크'로 꼽은 곳이다. 1887년 문을 열어 그 역사가 100년이 넘는 피터 루거에서 일했던 이들이 맨해튼으로 진출해 뉴욕 스테이크 2세대를 열기도 했는데, 울프강스 스테이크하우스Wolfgang's Steakhouse, 벤저민 스테이크하우스Benjamin Steakhouse는 피터 루거와 더불어 뉴욕 3대 스테이크하우스로 꼽힌다. 세 곳 모두 기본 메뉴와 스테이크를 굽는 방식은 비슷하다.

뉴욕 스테이크하우스의 상징, 피터 루거

뉴욕 스테이크하우스 하면 첫 손가락에 꼽히는 피터 루거 스테이크하우스는, 최근까지도 100여 년 전처럼 온라인 예약은 되지 않고 전화 예약만 할 수 있었으며 신용카드도 받지 않았는데, 요즘에는 브루클린에 있는 본점은 홈페이지(https://peterluger.com)를 통해 온라인 예약을 할 수 있다(그레이트넥 지점은 전화 예약만 된다). 신용카드 결제는 지금도 안 된다. 당연히 한두 달 전에 예약해야 겨우 자리를 잡을 수 있다. 하지만 오픈 후 이른 시간 혹은 오후 9시가 넘은 늦은 시간에 가면 운 좋게 예약 없이 자리를 얻을 수도 있다.

© 정은주

붉은 벽돌 건물에 금빛으로 빛나는 "Peter Luger" 간판 아래 문을 열고 스테이크하우스로 들어서면 나이 지긋한 웨이터가 맞아준다. 명성만큼 화려한 인테리어는 아니지만, 독일의 맥줏집처럼 목재로 꾸민 소탈한 실내와 흰 머리칼을 말끔하게 넘긴 웨이터들이 이곳을 좀 더 풍성하게 채워준다.

점심 메뉴는 너무 무겁지 않은 춉스테이크, 로스트비프 등이 요일별로 다양하게 준비되어 있다. 저녁 메뉴는 오로지 스테이크다. 인원수에 맞춰 "스테이크 2인분Steak for two" "스테이크 3인분 Steak for three"과 같이 주문하고, 사이드 메뉴를 추가하면 된다. 이곳에서는 '드라이 에이징'(정확히 말하면 드라이 에이즈드dry aged다) 방식으로 28일간 건조·숙성한 고기를 쓴다. 이렇게 하면 고기 겉면의 수분이 날아가는 대신 맛과 향이 농축된다. 점심/저녁 동일한 가격으로 즐길 수 있는 사이드 메뉴는 스테이크 맛을 더 돋워주는데, 시금치를 버터에 볶은 뒤 크림에 푹 담가 내주는 크림드 스피니치, 굵직하게 썰어 튀겨낸 프렌치프라이, 감자 하나를 통째로 구운 뒤 사워크림을 얹어 내는 베이크드 포테이토baked oversized potato가 인기 메뉴다.

스테이크 하면 그릴 위에서 기름기 없이 깔끔하게 구워져 나온 고깃덩어리를 기대하겠지만, 피터 루거의 스테이크는 다르다. 주문을 하고 잠시 기다리면 테이블 위에 커다란 접시가 오르는데, 접시 위에는 뼈째 구운 커다란 스테이크가 놓여 있고 그 아래에는 육즙이 섞인 기름이 지글지글 끓고 있다. 고기에서 빠진 기름이라 생각하기 쉽지만, 사실 버터다. 주방에서는 달궈진 팬에서 고기 양면을 각각 4분씩 굽는다. 그 뒤 버터를 고기 위에 올리고 브로일러broiler 아래에서 마무리한다. 브로일러는 윗면에서만 가스불이 나오는 기계인데, 이 과정을 거치면서 겉은 더 바삭해지고 녹아든 버터로 인해 고기는 진하고 부드러운 맛이 난다.

버터 때문에 피터 루거의 스테이크가 너무 미국적인 맛이라고 말하는 사람도 있지만, 이 또한 이곳만의 특징이다. 웨이터는 녹은 버터를 스테이크에 연신 끼얹으면서, 한 점씩 각자의 접시에 놓아준 후, 손님이 스테이크의 압도적인 외양과 향에 감탄하는 모습을 수십 번이나 봐왔다는 듯 무심히 "접시는 뜨거우니 만지지 마시고, 고기 위에 기름을 끼얹으면서 드시면 됩니다."라는 말을 남긴 채 자리를 뜬다. 고기의 육즙이 섞여서인지 웨이터들은 이 기름을 버터라고 부르지는 않는다. 퉁명스러운 듯 보이지만 레스토랑의 역사만큼 오래 일한 할아버지 웨이터들의 노련함을 보는 것도 흥미롭다.

스테이크는 딱 봐도 크다. 좀 더 정확히 말하면 거대하다. 더욱이 겉면은 '탔다' 싶을 만큼 꺼멓다. 한국에서라면 상상도 하지 못할 모양새다. 스테이크가 아니라 갈비 구이처럼 보인다. T자 모양 뼈를 중심으로 고기가 붙어 있기 때문이다. 이 뼈 때문에 '티본 스테이크T-bone steak'라 생각하기 쉽지만, 이는 피터 루거를 대표하는 메뉴인 '포터하우스 스테이크porterhouse steak'다.

이 T자 모양 뼈는 안심과 등심이 나뉘는 부위에 있는데, 티본/포터하우스 스테이크를 주문하면 안심과 등심 부위 모두를 맛볼 수 있다. 다만 어느 쪽에서 살을 가르는가에 따라 등심이 좀 더 많거나(티본 스테이크), 안심이 좀 더 많다(포터하우스 스테이크). 미국에서는 포터하우스 스테이크처럼 덩어리가 큰 스테이크를 주문하면 먹기 좋게 잘라서 가져다준다. 이 거대한 스테이크를 자르기 위해 낑낑대는 모습을 본 주인장의 서비스인 듯하다.

바싹 구운 겉면과 달리, 미디엄 레어로 익어 분홍색을 띠는 스테이크는 한눈에 보기에도 먹음직스럽다. 고기의 굽기는 각자의 취향에 맞게 요청할 수 있는데, 사실 스테이크하우스를 찾는 가장 큰 이유는 고기의 굽기 정도를 정확하게 맞춰주기 때문이다. 미국의 스테이크하우스에서는 일반적으로 한국에서보다 조금 덜 굽는 것이 특징이라, 미디엄 레어는 생각한 것보다 좀 더 핏물이 생긴다. 하지만 음식을 먹는 동안에 고기 자체의 열기로 속이 익으므로, 많은 사람들이 미디엄 레어로 스테이크를 주문한다. 받아든 고기를 조금 더 익히고 싶다면 주저하지 말고 서버에게 요청하면 된다. 스테이크에서 가장 중요한 것이 고기의 익힘 정도이므로 불평 없이 주방으로 들고 간다.

크림드 스피니치와 매시드 포테이토를 조금 덜어 고기 위에 올린 뒤 함께 먹어보자. 크림에 적절하게 조려진 시금치는 스테이크

의 씹히는 맛과 잘 어우러지는데, 조금 상큼한 맛이 필요하다면 생양파와 토마토를 곁들인다. 한국에서는 보통 구운 채소를 곁들이지만 미국에서 스테이크를 먹을 때는 무거운 맛의 연속이다. 양파와 케첩, 우스터소스를 섞어 만든 스테이크 소스는 별도로 내주는데, 단맛과 시큼함이 모두 강해 호불호가 갈리기도 한다.

피터 루거Peter Luger Steakhouse
(기본 정보는 햄버거 편 참고)

울프강스 스테이크하우스Wolfgang's Steakhouse
주소 409 Greenwich St, New York, NY 10013
전화 212-925-0350
영업시간 월-목, 일 12:00~22:00, 금-토 12:00~23:00

벤저민 스테이크하우스Benjamin Steakhouse
주소 23 E 40th St, New York, NY 10017
전화 212-338-0818
영업시간 월-금 11:30~23:00, 토 16:00~23:00, 일 16:00~22:00

뉴욕 스타일의 깊고 진한 한 조각이 건네는 위로

두 남녀가 이메일을 통해 서로를 알아가며 사랑에 빠지는 과정을 담은 영화 〈유브 갓 메일You've Got Mail〉(1998)은 뉴욕을 배경으로 한다. 이메일만 주고받던 두 사람이 드디어 만난 장소는 뉴욕에 실제로 있는 카페다. 센트럴 파크에서 멀지 않은 곳에 있는 '카페 랄로Cafe Lalo'(2023년 2월 현재 임시휴업 상태)는 센트럴 파크 한가운데에 위치한 메트로폴리탄 미술관에서도 멀지 않아, 늘 많은 관광객으로 붐볐다.

이곳을 찾는 관광객들은 훈제 연어가 든 베이글 샌드위치에 카푸치노를 마시며 그날 일정을 시작하지만, 그 시간에 일을 하는 뉴요커들은 다르다. 이들은 늦은 밤에 카페 랄로를 찾아 두툼한 치즈케이크 한 조각을 주문해 커피나 와인을 마시며 이야기를 나누곤 했다(이곳은 보통 오후 8~9시면 문을 닫는 다른 카페와 달리, 새벽 1시까지 문을 열었다).

뉴욕 치즈케이크는 무엇이 특별한가

치즈케이크 하면 떠오르는 이미지가 있다. 그것은 바로, 두터운 층을 이룬 부드러운 크림치즈다. 그런데 '뉴욕' 치즈케이크는 정확히 어떤 케이크를 가리키는 걸까? 뉴욕에서 만들어진 치즈케이크인 걸까, 아니면 이름만 뉴욕 치즈케이크인 걸까? 사천 짜장을 사천(중국 쓰촨)에서 먹지 않듯이, 뉴욕 치즈케이크도 한국에서만 먹는 뉴욕식 음식인 건 아닐까?

물론 뉴욕에서도 뉴욕 치즈케이크를 먹는다. 그것도 아주 많이! 그렇지만 치즈케이크 자체가 뉴욕에서 발명된 것은 아니니(치즈케이크는 고대 그리스에서부터 먹었다고 한다), 정확히 말하면 '뉴욕식' 치즈케이크다. 하지만 뉴욕의 어디를 가든 치즈케이크 앞에는 '뉴욕'이 붙는데, 뉴욕이라는 수식이 치크케이크를 좀 더 프리미엄으로 만들어주는 듯하다.

케이크 중에서도 종류가 가장 다양한 것이 치즈케이크일 듯하다. 치즈 종류나 첨가물 수만큼이나 다양한 치즈케이크를 만들 수 있기 때문이다. 앞서 언급한 카페 랄로에서는 '치즈케이크'만 25가지를 내놓았다. 땅콩버터가 들어 있는가 하면, 딸기, 체리, 블루베리 등 과일이 들어간 치즈케이크가 있고, 오레오 과자를 부숴 넣은 치즈케이크도 있다.

그렇지만 속 재료가 무엇이냐뿐만 아니라 '구웠는가, 굽지 않았는가'에 따라서도 치즈케이크의 종류가 구분된다. 뉴욕 치즈케이크는 구워서 만드는 쪽이다. 구워서 만드는 치즈케이크는 굽지 않은 것보다 크림치즈의 맛이 좀 더 쫀쫀하고 부드럽다. 케이크를 굽는 동안 단맛이 전체적으로 고르게 퍼져 부드럽고 진한 치즈 맛이 난다. 굽지 않은 치즈케이크는 마트에서 판매하는 시판 제품으로 쉽게 접할 수 있는데, 오븐이 없는 곳에서 30분 안에 만들 수 있다고 광고한다. 오븐을 쓰지 않고 먹을 수 있게 하려다보니 재료를 섞은 뒤 꾹 눌러 응축시키는 과정을 거치는데, 이 때문에 구워낸 치즈케이크와는 달리 조금 거친 맛이 난다. 만들어놓고 나면 쉽게 부서지고 크림 부분이 엉겨 붙어 있어 덩어리를 떼어 먹는다는 느낌을 받는다.

다른 치즈케이크와 확연히 다른, 오리지널 뉴욕 치즈케이크의 특징으로 재료가 단순하다는 것을 들 수 있다. 크림치즈, 설탕, 달걀, 사워크림(혹은 생크림), 여기에 바닐라만 있으면 된다. 다른 맛이나 향이 들어가지 않으며 장식도 올리지 않는다. 대신, 진한 크

림치즈나 사워크림이 중요한데, 크림만 먹는 것처럼 식감이 매끄럽다. 치즈의 맛이 퍽퍽하지 않으며, 한 입 베어 물었을 때 진한 크림치즈의 맛이 입안에서 녹아내려야 한다.

치즈케이크는 1900년대 중반 뉴욕에서 엄청난 인기를 끌었다. 모든 레스토랑에서 치즈케이크를 내놓을 정도였다. 그런데 처음부터 '뉴욕 치즈케이크'였던 것은 아니다. 뉴욕식 치즈케이크가 만들어진 것은 뉴욕에서 크림치즈(오늘날 우리가 '필라델피아 크림치즈'라 부르는)가 만들어진 시점과 일치한다. 물론 치즈 자체가 만들어진 것은 기원전 4000년경까지 거슬러 올라가며, '크림이 가미된

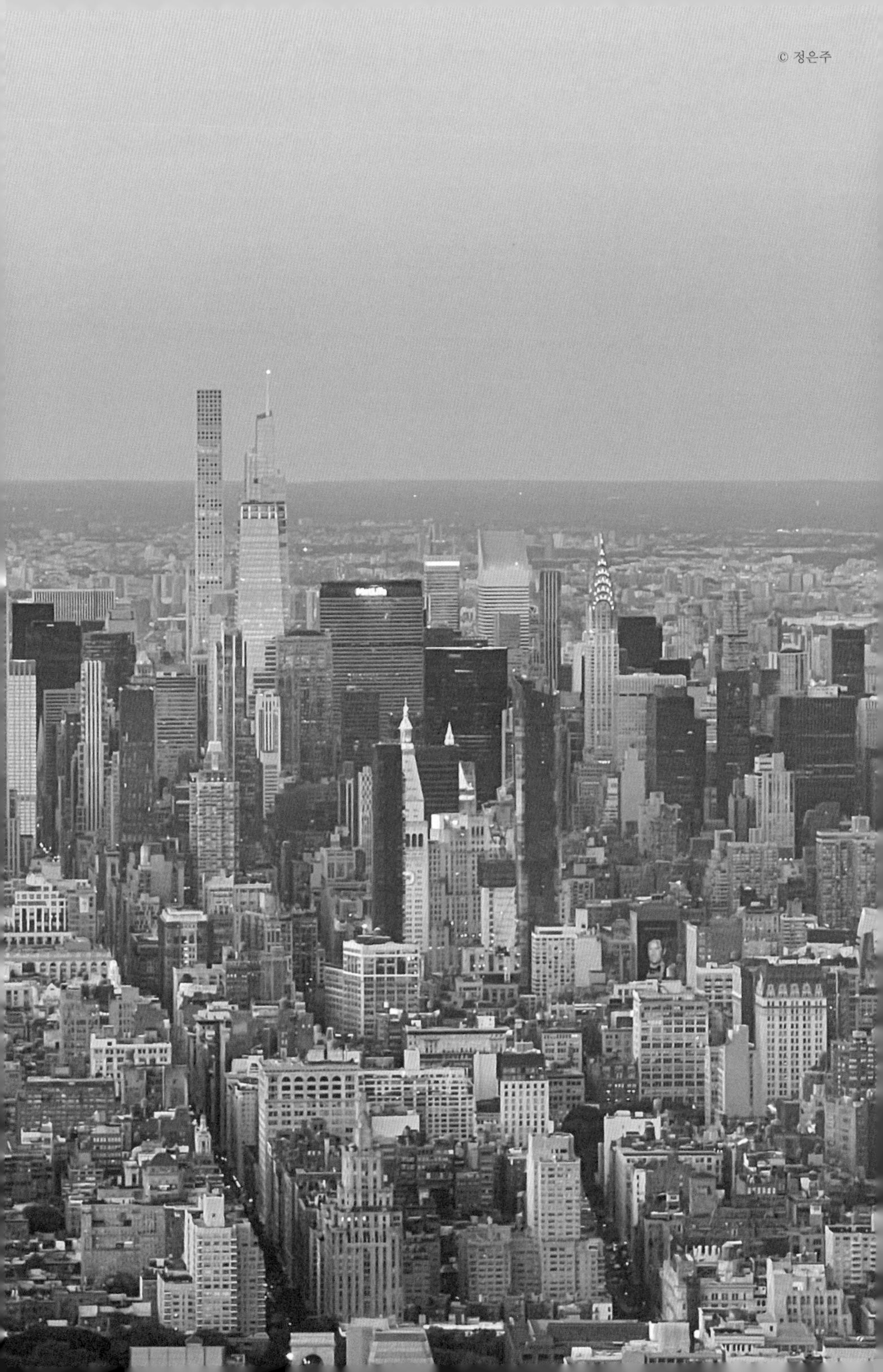

치즈', 요컨대 원형 크림치즈라고 부를 수 있는 형태의 치즈는 16세기 말부터 만들어진 것으로 보인다. 18세기 중반 들어서는 미국 요리책이나 신문에서 크림치즈가 언급되기도 했다.

초기에는 대개 소규모 농장에서 크림치즈를 만들었으며, 상업적인 유통을 하기에는 그 양이 너무 적었다. 최초의 상업적인 크림치즈라고 할 수 있는 '필라델피아 크림치즈'가 만들어진 때는 1872년이다. 뉴욕 주 체스터Chester에서 농장을 하던 윌리엄 로런스William Lawrence가 프랑스 치즈인 뇌샤텔Neufchatel(프랑스 노르망디 지역 뇌샤텔의 치즈로, 아주 연한 조직과 부드러운 맛, 하트 모양이 특징이다)을 만들던 중 (실수인지 일부러인지는 모르겠지만) 크림을 넣으면서 만들어졌다고 한다.

처음에 로런스는 자신의 제품을 그저 '크림치즈'라고만 불렀다. 그의 크림치즈는 지역에서 꽤 잘 팔렸지만, 마케팅을 담당했던 직원인 레이놀스Reynolds는 치즈 배급업체들의 관심을 끌기 위해 '필라델피아 크림치즈'라는 이름으로 재포장해 판매하기 시작했다. 레이놀스의 전략 덕에 필라델피아 크림치즈는 아주 잘 팔렸고, 1903년 브랜드를 피닉스 치즈 쿠퍼스타운Phenix Cheese Cooperstown에 넘겼다. 이후 이 회사는 크래프트 치즈와 합병, 현재 미국에서 소비되는 모든 치즈의 40퍼센트를 공급하고 있다.

오늘날 '크림치즈냐, 아니냐'를 가르는 미국 식품의약국의 기준은 ① 지방은 적어도 33퍼센트 이상, ② 수분 함량은 55퍼센트 이

하다. (우리가 아는 브리 치즈, 카망베르 치즈 등은 '연성치즈soft cheese'라 하는데, 이들 연성치즈는 대개 수분 함량이 50~60퍼센트, 지방 함량은 20~26퍼센트다.) 설혹 많은 양이 생산됐다 하더라도 냉장 시설이 발달하지 않았던 18세기 중반이라면 이렇듯 수분 함량이 높은 치즈를 유통시키는 데 어려움이 따랐을 것이다. 오늘날에도 크림 치즈의 유통기한은 길지 않은 편이다.

뉴욕 치즈케이크의 원조는 어디인가

뉴욕 스타일 치즈케이크의 원조, 혹은 가장 유명한 곳은 1921년 문을 연 린디스Lindy's라고 많이들 이야기한다. 헤비 크림과 코티지 치즈cottage cheese, 달걀을 풍부하게 섞어 만든 린디스의 케이크는 유대인 스타일Jewish style이라고도 불리는데, 두께가 5~6인치(13~15cm)가 될 정도로 두꺼운 것이 특징이다. 린디스는 뉴욕 시내에 델리마켓 두 곳, 레스토랑 한 곳을 운영하고 있었다. 린디스 치즈케이크로 유명했던 본점은 1921년 브로드웨이에서 시작해 1957년에 문을 닫았다. "World's Famous Cheese Cake"라는 서브 타이틀을 달고 운영할 만큼 당시 치즈케이크에 관해서는 원조라는 자부심이 강했다. 하지만 처음 린디스에서 만든 치즈케이크에는 지금처럼 크림치즈가 들어가지 않았다. 당시 대부분의 가게는 코티지 치즈를 사용해 치즈케이크를 만들었다.

많은 사람들이 치즈케이크의 원조로 얘기하는 곳이 하나 더 있다. 유대계 독일 이민자 아널드 루번Arnold Reuben은 뉴욕 시내에서 샌드위치로 유명한 레스토랑을 운영하던 사업가였다. 동부 애틀랜틱시티까지 샌드위치 가게를 확장할 정도로 꽤 성공했다. 루번은 1928년 자신의 가게 '루번스'에서 처음 크림치즈가 들어간 치즈케이크를 만들었다고 주장한다. 당시 많은 베이커리에서 치즈케이크를 만들 때 코티지 치즈를 사용했지만 자신의 가게에서는 좀 더 진하고 부드러운 맛을 내려고 크림치즈를 사용했으며, 그것이 첫 뉴욕 치즈케이크라는 것이다. 루번은 브레이크스톤Breakstone 사의 크림치즈를 썼고, 이후 치즈케이크가 인기를 끌자 필라델피아 크림치즈로 바꾸었다. 뮤지컬의 성지 브로드웨이에 있는 루번스에는 공연이 끝난 뒤 많은 사람이 찾아왔는데, 늦은 밤 인기 있었던 음식은 치즈케이크와 애플 팬케이크였다고 한다.

치즈케이크일까, 치즈파이일까?

뉴욕 치즈케이크를 두고, 이것이 케이크냐 파이냐 하는 논란이 있다. 보통 파이의 하단, 즉 파이지 혹은 파이 시트라 불리는 것은 비스킷이나 빵 부스러기 등을 반죽해 만든다. 그릇처럼 만든 파이 시트 위를 과일이나 크림으로 채운 뒤 오븐에서 굽는 것이다. 그런데 치즈케이크의 시트 역시 부순 과자로 만들기 때문에, 이를 두

고 치즈케이크가 아닌 치즈 파이라고 주장하는 것이다. 플로리다
주 마이애미에서 유명한 '키 라임 파이Key Lime Pie'는 뉴욕 치즈케
이크와 비슷한 모양이지만 라임 '케이크'가 아니라 라임 '파이'라
고 불린다. 라임 파이는 잘게 다진 쿠키로 만든 파이 시트에 크림
과 치즈, 라임을 섞은 라임 크림으로 속을 채우고, 그 위로 달콤한
크림을 올려 완성된다.

하지만 뉴욕 치즈케이크를 만드는 사람들은 "치즈케이크의 완
성을 위해 파이 시트가 사용되었을 뿐"이라고 주장하며, 여전히
뉴욕 치즈'케이크'라는 이름을 고집한다. 하지만 엄밀히 따지면,
치즈케이크는 '파이'다. 케이크는 밀가루 반죽을 구운 뒤 버터크

림이나 생크림 등으로 아이싱을 하여 마무리하는 음식이기 때문이다.

뉴욕 치즈케이크의 시트는 보통 그레이엄스Grahams 크래커를 부숴서 만든다. 이 크래커는 1829년 실베스터 그레이엄Sylvester Graham이 발명한 것으로, 통밀가루로 만든 사각 크래커다. 재밌게도 발명가 이름이자 과자 이름인 그레이엄은 '통밀로 만들어진 것'을 뜻하기도 한다. 예를 들면, 그레이엄 브레드graham bread는 통밀빵을 뜻한다. 이탈리아의 디저트 티라미수는 사보야르디Savoiardi 쿠키를 사용해야 제격이듯, 뉴욕식 치즈케이크를 만들 땐 그레이엄스 크래커가 필수다. 과자의 거친 맛이 살도록 굵게 부순 뒤, 설탕과 녹인 버터를 끼얹어 살짝 굽는다. 그런 뒤 그 위에 커스터드와 크림치즈를 넣고 다시 구우면 거친 질감과 부드러운 맛이 대조를 이뤄 한층 더 좋은 맛을 낸다.

즐겨보자, 뉴욕 치즈케이크!

뉴욕 치즈케이크를 파는 곳은 많지만, 꼭 먹어보아야 하는 곳으로 많이 꼽는 가게는 단연 '주니어스Junior's'다. 오랜 세월을 지켜온 가게답게 과거의 맛 그대로를 느껴볼 수 있다. 타임스퀘어 한복판에 있어 쉽게 찾아갈 수 있으며, 주황색의 커다란 간판이 눈길을 끈다. 베이커리와 레스토랑을 동시에 운영하는데, 레스토랑에서는 미국식 대중적인 식사 메뉴들도 제공하고 있다. 베이커리의 쇼윈도에는 다양한 치즈케이크가 전시되어 있으며, 한 조각씩도 판매하기 때문에 다양한 맛을 부담 없이 즐길 수 있다.

주니어스가 기본적인 뉴욕 치즈케이크를 대표한다면, 개성적인 치즈케이크를 내놓는 곳들도 있다. 시카고 치즈케이크로 유명한 '아일린스 스페셜 치즈케이크Eileen's Special Cheesecake'는 1975년 문을 연 이래 지금까지도 많은 사랑을 받고 있다. 시카고 피자처럼 파이 시트가 두툼하게 올라와 있는 것이 특징이다. 따라서 파이의 겉면은 조금 단단하지만, 크림 속은 부드럽게 익혀낸 것이 특징이다.

오프라 윈프리와 저스틴 팀버레이크의 단골가게로 잘 알려진 '마제다르 베이커리Mah-Ze-Dahr Bakery'는 뉴욕에서 새롭게 떠오르는 치즈케이크 가게다. "천국의 치즈케이크Heavenly Cheesecake"로 불리는 이곳의 치즈케이크에는 약간의 레몬, 다크초콜릿을 섞은 크림을, 마다가스카르산 바닐라빈을 섞은 그레이엄스 크래커 파이 시트에 올려 내는데, 여느 치즈케이크보다 가볍고 푹신한 맛이 특징이다. 세련된 공간에서 다양한 페이스트리도 판매해 디저트를 사랑하는 사람들에게 많은 사랑을 받고 있다.

© Eden, Janine and Jim(Wikimedia Commons)

주니어스Junior's Restaurant and Bakery

주소 1515 Broadway at, W 49th St, New York, NY 10019

전화 212-365-5900

영업시간 일-월 07:00~23:00, 화-목 07:00~00:00, 금-토 07:~01:00

아일린스 스페셜 치즈케이크 Eileen's Special cheesecake

주소 17 Cleveland Pl, New York, NY 10012

전화 212-966-5585

영업시간 월-목, 일 11:00~19:00, 금-토 11:00~20:00

마제다르 베이커리 Mah-Ze-Dahr Bakery

주소 28 Greenwich Ave, New York, NY 10011

전화 212-498-9810

영업시간 월-목 07:00~20:00, 금 07:00~21:00, 토 08:00~21:00, 일 08:00~20:00

뉴욕,
브루어리의 천국

롱아일랜드 서쪽 끝에 있는 브루클린은 뉴욕 시 5개 자치구 중 인구가 가장 많은 만큼 주택지가 대부분을 차지하지만, 임해 공업 지대로도 발달한 곳이다. 대서양으로 통하는 서쪽 연안부에는 항만 시설을 비롯해 조선소, 식품 가공 공장, 화학 공장 등이 자리 잡고 있고, 거리 곳곳에서 형형색색의 그래피티와 길거리 농구대에서 농구를 즐기는 청년들, 지하철역 앞에서 힙합을 즐기는 자유로운 문화가 공존하는 공간이 바로 브루클린이다.

맥주가 도시를 재생한다?

이 무수한 공장들 한편에 '브루클린 브루어리Brooklyn Brewery'가
있다(79 N 11th St, Brooklyn, NY 11249). 세계적으로 유명한 '브루
클린 라거'가 처음 만들어진 곳으로, 매일 저녁이면 맥주 맛을 보
려는 이들이 수없이 모여든다. 맥주가 만들어지는 모습을 직접 볼
수 있는 프로그램도 있는데, 맥주 원료 소개부터 맥주가 만들어
지는 과정, 실제 가동되는 장비들에 관해 상세한 설명을 들을 수
있다. 공장 안에 들어서면 시큼한 맥주 냄새가 훅 끼치는데, 맥주
가공에 영향을 줄까봐 에어컨을 켤 수 없어서 땀을 뻘뻘 흘리며
설명하는 직원의 모습이 인상적이다. 25분 정
도의 설명을 들은 후 갓 만들어진 맥주를 맛
보는 순간은 그야말로 짜릿하다.

맥주를 마시려면 토큰을 구입해야 하는데
토큰 하나는 5달러지만, 20달러를 내면 5개를
준다. 맥주 한 잔에 4달러인 셈이다. 브라운 에
일brown ale, 라거lager, 인디언 페일 에일Indian Pale
Ale, IPA, 필스너pilsner 등 여러 종류의 맥주가 있어
취향에 맞게 선택할 수 있다. 차가운 유리잔에
황금색 라거 맥주를 따를 때 유리잔 위로 올
라오는 흰 거품을 보면 누구나 군침을 흘릴

© 정은주

수밖에 없다. 한 모금 살짝 맛보다가 이내 단숨에 들이켜게 되는 맥주 맛이란!

골목골목 들어선 바에서 가볍게 들이켜거나 일요일이면 미식 축구 경기를 보면서 치킨 윙에 맥주를 곁들이는 등 뉴요커들에게 맥주는 생활의 일부지만(물론 모든 이가 그렇지는 않다), 맥주가 만들어지는 현장에서 갓 만들어진 맥주를 마시는 것은 그리 흔하게 할 수 있는 경험은 아니다.

브루 센트럴, 뉴욕

맥주 하면 단연 독일이나 벨기에, 체코가 생각난다. 물론 이런 유럽의 맥주는 오랜 역사와 품질 관리로 많은 사랑을 받고 있다. 잘 알려져 있지는 않지만, 미국 맥주 또한 세계적으로 많은 양을 생산·수출하고 있다. 이렇게 되기까지 뉴욕 맥주, 나아가 미국 맥주 산업의 역사를 잠시 살펴보자.

1800년대를 거치며, 미국 홉hop의 90퍼센트를 생산했을 뿐 아니라 이 홉으로 맥주까지 생산한 뉴욕 주는 말 그대로 미국 최고의 '브루 센트럴Brew Central'이자 수많은 맥주 양조장과 맥주 홀이 번성하며 맥주 산업을 견인한 '맥주의 제왕King of Beer'이 되었다.

1830년대 뉴욕의 맥주는 영국의 영향을 받았다. 영국 이민자들이 만든 브루어리에서는 이스트를 사용한 에일 맥주를 생산했다. 영국의 에일 맥주는 '상면 발효' 방식으로 제조한 것으로, 비교적 높은 온도인 섭씨 15~24도에서 발효시켜 알코올 함량이 높고 색이 진한 것이 특징이다. 당시에는 겨울철에 에일 맥주를 종종 따뜻하게 데워 제공했다고 한다.

독일 이민자들이 맨해튼과 브루클린의 동부 지구에 자리를 잡으면서, 뉴욕에는 또 다른 맥주 시장이 열리게 됐다. 이들은 에일과 다른, 라거 맥주를 생산했다. 비교적 낮은 온도인 섭씨 8~13도에서 발효를 거치면서 효모들이 밑으로 가라앉기 때문에 '하면 발효' 맥주라고 하는 라거는 맛이 가볍고 누구나 즐기기 좋아 뉴욕에서 큰 인기를 얻었다.

독일 이민자들이 많이 살던 요크빌Yorkville, 브루클린의 윌리엄스버그Williamsburg와 부시윅Bushwick에 라거 맥주 브루어리들이 속속 생겨났다. 이곳에서 맥주 생산이 발전할 수 있었던 가장 큰 이유는 맨해튼 상수도회사Manhattan Water Company의 송수로 변경 사업 덕이었다. 이 회사는 1800년대 브루클린의 목재 송수로를 철제 송수로로 변경하는 사업을 진행했는데, 이를 통해 철제로 바뀐 크로턴 송수로Croton Aqueduct로부터 브루어리들이 깨끗한 물을 공급받을 수 있었기 때문이다.

크로턴 송수로가 완성된 1842년 이전까지는 뉴욕 시의 수질이 최악이었기에 "맥주를 마시는 것이 물을 마시는 것보다 더 안전하다."는 말이 나돌기도 했다지만, 맥주뿐 아니라 모든 술을 빚는

데에서 깨끗한 물은 필수다. 깨끗한 물을 마음껏 공급받을 수 있게 되자 1898년 브루클린 지역에는 무려 48곳의 크고 작은 브루어리들이 생겨났다.

당시 가장 유명했던 브루어리는 요크빌에 있는 '헬 게이트 브루어리Hell Gate Brewerey'와 '제이컵 루퍼트 브루잉 컴퍼니Jacob Ruppert Brewing Company'였다. 두 곳 모두 쉽게 마실 수 있는 라거 맥주를 만들었고, 크래프트 비어보다는 좀 더 대중화된 맥주를 만드는 데 집중했다. 한국으로 치자면, 카스나 하이트 같은 맥주를 만들어 사람들이 몇 잔이고 부담 없이 마실 수 있게 한 것이다.

그러나 라거 맥주는 제1차 세계대전으로 인한 미국 내 반反독일

정서와 맞닥뜨리면서 직격탄을 맞았고, 대부분의 독일계 브루어리들은 문을 닫게 됐다. 또한, 19세기 말 사회 개선 및 도덕 재건이라는 이유로 유럽 각국에서 퍼져나간 금주 운동도 맥주 산업에 악영향을 끼쳤다. 1890년대 미국에서도 금주 동맹이 결성되면서, 농촌 지역 개신교 세력이 주도하여 1919년 미국 전역에서 금주법이 시행된 것이다. 당시 미국에서 유통되는 주류의 80퍼센트 이상은 와인과 위스키였고 맥주 수요는 10퍼센트에도 못 미치는 상황이었기에, 독일 이주민을 견제하는 목적이라는 주장도 나돌았다.

결과적으로 금주법은 마피아 같은 폭력 단체들의 이권만 더 강화시키는 결과를 낳았고, 초창기에 금주법을 지지한 사람들도 결국 등을 돌리게 되었다. 금주법을 폐지하자는 여론이 커진 상황에서 1929년 대공황으로 소비가 위축되자, 정부는 세수 마련을 위해 1933년 금주법을 폐지했다.

미국인들이 가장 사랑하는 맥주, 버드와이저와 밀러

금주령의 시련을 잘 버틴 후 급성장한 맥주가 바로 버드와이저와 밀러다. 우리에게 익숙한 미국 맥주의 대명사 버드와이저는 앤호이저 부쉬Anheuser Busch 사가 1876년에 출시한 맥주 브랜드다. 설립자 아돌프 부쉬는 1870년대 중반 맥주 양조법을 공부하기 위해 유럽 여행을 떠났다가 어느 마을에 들러 맥주 맛을 보고는 반하게 됐다. 그곳은 체코의 체스케부데요비치České Budějovice였는데, 그 독일식 발음이 '부트바이스Budweis'였다. 여행을 마치고 미국으로 돌아온 부쉬는 그때 배웠던 양조법을 활용해 1876년부터 맥주를 만들었는데, 이것이 바로 '버드와이저Budweiser'다. 금주령 당시 사업이 망할 수도 있었지만, 이 기간 동안 소프트드링크와 아이스크림 등으로 제품을 다변화해 사업을 유지했고, 결국 금주법이 폐지되면서 확실하게 성장할 수 있었다.

버드와이저와 더불어 가장 유명한 미국 맥주인 밀러는 1855년 독일인 양조업자였던 프레드릭 존 밀러Fredrick John Miller가 위스콘신 주 밀워키에서 시작했다. 밀러는 독일에서 직접 가져온 특별한 효모와 밀워키 지역에서 재배한 홉, 맥아를 써서 최고 품질의 맥주를 생산했다. 밀러는 1888년 병맥주를 탄생시킨 선구자 중 한 사람으로 꼽히며, 1903년에 출시한 '하이라이프High Life' 브랜드로 많은 인기를 얻었다. 금주법 시절 밀러 사도 다른 주류 업체와 마찬가지로 큰 위기를 맞았지만, 곡류 음료와 맥아 강장제, 탄산음료 등 다양한 제품을 시장에 선보이며 위기를 탈출했다. 1933년 4월 6일 미국 의회가 금주법을 폐지하자 밀러 사가 루즈벨트 대통령에게 최고 품질의 하이라이프 맥주 한 상자를 선물한 것이 대대적인 홍보가 되었고, 이후 미국 내 메이저 회사로 급성장하게 되었다.

뉴욕에서 맥주를 마시려면

맥주가 매력적인 계절은 당연히 여름이다. 푹푹 찌는 더운 날씨지만 통통하게 살이 오른 로브스타 롤, 매콤한 버펄로 윙, 치즈를 듬뿍 올린 토르티야 칩과 즐기는 시원한 맥주 덕분에 뉴욕에서 사는 행복을 느끼곤 한다.

메이저리그 경기가 열리는 야구장에서 선수들의 경기를 지켜보며 마시는 맥주 맛도 일품이다. 단, 이런 경기장에서는 맥주 가격

이 비싼데, 보통 한 잔당 10달러를 받는다. 일반 바에서 6~7달러, 싸게는 5달러로도 마시는 밀러 맥주를 10달러에 즐기면서 경기를 보고 나면, 티켓 가격보다 맥주 가격이 더 많이 나왔다는 농담을 나누게 된다.

한강 고수부지에서 시원하게 캔맥주를 즐길 수 있는 서울과 달리, 맨해튼의 중심 센트럴 파크에서 술을 마실 수 없는 것은 대단히 아쉽다. 미국은 노상에서 술을 마시는 것을 엄격하게 금지하고 있어, 한국 여행객들이 가끔 혼란을 겪는다. 타임스퀘어를 바라보며 맥주 한 캔 마시는 낭만을 즐기고 싶지만, 맥주 캔을 따는 순간 무시무시한 체격의 경찰관이 달려와 벌금을 날린다. 뉴욕 주뿐 아니라 미국 대부분의 주에서 거리에서 술 마시는 것이 불법이니 주의해야 한다.

하지만 맨해튼의 편의점이나 리쿼 스토어에서는 한국에서처럼 24시간 술을 구입할 수 있는데, 이는 애주가들에게는 큰 호사다. 인근 뉴저지 주만 하더라도 주류 판매 시간이 엄격하게 제한되어 있기 때문이다. 리쿼 스토어에서는 한국에도 잘 알려진 '브루클린 브루어리'의 맥주도 쉽게 구입할 수 있다. 뉴욕을 넘어서 이제는 미국 전역으로 뻗어나가는 브루클린 브루어리의 맥주는 한국에서 마실 수 있는 맥주보다 좀 더 다양한 맛을 내는 제품들이 출시되어 있다. 특히 여름철이면 한정판으로 출시되는 과일 맛 에일 맥주들은 뉴욕에서만 맛볼 수 있다. 브루클린 브루어리의 맥주는 주류를 판매하는 뉴욕의 모든 곳에서 쉽게 구입할 수 있으며 6개들이 한 팩이 10달러 정도로 부담 없다.

어떤 맥주를 마실까

마트나 술집에서 필수로 구비하고 있는 버드와이저와 밀러가 미국 맥주를 대표하기는 하지만, 이것이 미국 맥주의 전부는 아니다. 2000년대 들어 미국에서는 수제 맥주 붐이 일었다. 이때 많은 마이크로 브루어리가 버려진 공장을 리모델링하여 독특한 지역 맥주 브랜드를 만들었다.

뉴욕 주의 '이퀼리브리엄 브루어리Equilibrium Brewery'는 버려진 육류 포장 공장을 리모델링한 것으로 유명하다(4 South St, Middletown, NY 10940). 시에서도 관리하지 않아 흉물이 된 폐공장을 브루어리로 개조해 지역사회에 새로운 성장 동력을 마련한 것이다. 정부는 미국에서 생산되는 맥주에 낮은 세금을 부과하는데, 작은 브루어리들도 이 덕분에 비교적 쉽게 지역사회에 안착할 수 있었다. 또한, 이 브루어리들을 방문하는 관광객들로 인해 자연스레 인근 식당의 손님도 늘었고, 지역사회의 경제를 일으키는 결과를 낳았다.

저마다의 개성을 자랑하는 브루어리들의 맥주를, 뉴욕에서는 리쿼 스토어에서 구입해 마실 수 있다. 이 중 가장 인기 있는 맥주는 델라웨어 주 밀턴에 있는 '도그피시 헤드 브루어리Dogfish Head Brewery'에서 생산하는 맥주다. 이 브루어리의 베스트셀러 브랜드는 60, 75, 90, 120 Minute IPA인데, 숫자가 높아질수록 알코올 도수가 높고, 가격도 비싸다. 가장 호평받는 120 Minute IPA는 4월과 11월에만 출시되며 알코올 도수는 15도나 된다. 맥주를 마시기 전부터 코를 자극하는 진한 홉 향, 한 모금 마셨을 때 강하게 느껴지는 쌉싸름함 때문에 쉽게 마시기는 어렵지만, 한 모금씩 음미해 가며 마시는 고급 맥주다. 처음에는 '왜 이런 쓴 맥주를 마시지?'라고 고개를 갸우뚱거리다가도, 금세 이 맛에 중독된다. 도그피시 헤드 맥주의 가격은 다른 맥주보다 조금 비싼데, 가장 도수가 높은 120 Minute IPA의 경우 4개들이 한 팩이 25달러이며, 60, 75, 90 Minute IPA는 10달러 초반에 구입할 수 있다. 도그피시 헤드는 매년 맥주 평가에서 100점을 받고 있다.

뉴욕만의 독특한 맥주를 맛보고 싶다면 '식스포인트 브루어리 Sixpoint Brewery'도 있다. 브루클린의 레드훅Red Hook 지역에서 레스토랑으로 시작한 이 브루어리는 2011년부터 맥주를 만들기 시작했고, 이후 많은 인기를 얻으며 큰 팬덤을 형성하고 있다. 이곳에서는 에일 맥주와 IPA를 주로 판매하는데, 가장 인기 있는 맥주는 9.1도의 더블 IPA인 '레진RESIN'이다. IPA보다 더 진하게 만든 이 맥주는 홀짝홀짝 입을 대며 음미하듯 마시게 되는데, 쌉싸름한 맛이지만 부드러운 목 넘김이 참 좋다. 별다른 안주가 없더라도 맥주의 묵직

© 정은주

한 맛 때문에 충분히 행복해질 수 있으며, 높은 도수 탓인지 한두 캔 정도로도 만족할 수 있다. 6개들이 한 팩이 14달러이며, 편의점 보다는 리쿼 스토어에서 찾아볼 수 있다.

즐겨보자, 뉴욕의 맥주!

맥주를 직접 구입해서 편한 곳에서 마시는 것도 즐겁지만, 뉴욕에는 맥주를 즐기기에 좋은 너무나 매력적인 공간들이 있다. 바에서 맥주를 즐길 때 맥주 한 잔당 팁(1달러가량)을 주는 것은 필수다. 레스토랑에서야 식사를 마친 뒤 결제하지만, 바에서는 주문할 때마다 한 잔당 가격을 지불해야 하는 점도 미리 알아두자.

뉴욕에서 가장 오래된 맥줏집으로는 단연 '맥솔리스 올드 에일 하우스McSorley's Old Ale House'를 꼽는다. 1854년에 지미 맥솔리가 이스트 빌리지에 문을 열었고 링컨 대통령부터 존 레넌까지 다녀간 유서 깊은 곳이다. 바닥에 톱밥을 깔아놓은 이색적이고 어두컴컴한 분위기에 이끌려 여전히 사람들로 가득하다. 언제 찾더라도 너무나 많은 사람이 시끄럽게 떠들고 있어 상대방과 이야기를 나누기는 쉽지 않지만, 19세기 미국 맥줏집 분위기를 느낌을 즐겨보고 싶다면 추천한다.

시내가 너무 복잡하다면 퀸스 애스토리아Astoria의 명물 '비어가든 앳 보헤미안 홀Beer Garden at Bohemian Hall'도 있다. 101년의 역사를 자랑하는 '보헤미안 홀'에서는 독일의 비어홀처럼 넓은 야외 공간에서 독일과 체코의 맥주를 즐길 수 있다. 학센, 소시지, 사워크라우트 같은 독일 안주를 체코와 독일에서 들여온 맥주잔에 담긴 맥주와 함께 즐길 수 있다.

맥솔리스 올드 에일 하우스McSorley's Old Ale House
주소 15 E 7th St, New York, NY 10003
전화 212-473-9148
영업시간 월-토 11:00~01:00, 일 12:00~01:00

비어가든 앳 보헤미안 홀Beer Garden at Bohemian Hall
주소 29-19 24th Ave, Astoria, NY 11102
전화 718-274-4925
영업시간 수-금 17:00~00:00, 토 12:00~00:00, 일 12:00~22:00, 월-화 휴무